Thomas Bollwein
Rechtsextremismus
Was ist das und was können wir dagegen tun?

AF524967

Thomas Bollwein ist promovierter Sozialwissenschaftler. Derzeit beschäftigt er sich mit den Bereichen Rechtsextremismus, Transformation und betrieblicher Selbstverwaltung.

Thomas Bollwein

Rechtsextremismus

Was ist das und
was können wir dagegen tun?

VSA: Verlag Hamburg

www.vsa-verlag.de

Dieses Buch ist dem Bayerischen Flüchtlingsrat
und seinen Mitarbeitenden für ihren ausdauernden
Einsatz für Menschenrechte gewidmet.

© VSA: Verlag 2024, St. Georgs Kirchhof 6, 20099 Hamburg
Umschlagabbildung: Demonstration gegen Rechtsextremismus im Januar 2024
in Bamberg (Foto: Kim Becker)
Alle Rechte vorbehalten
Druck- und Buchbindearbeiten: CPI books GmbH, Leck
ISBN 978-3-96488-217-2

Inhalt

1. Einleitung

Rechtsextreme Parteien und Bewegungen verbuchen derzeit nicht nur in Europa, sondern auf der ganzen Welt Erfolge. An Länderbeispielen wie Polen oder Ungarn können wir erkennen, wie die extreme Rechte eine freiheitlich demokratische Grundordnung systematisch zerstört. Allerdings lassen sich Hoffnungsschimmer erkennen: In Polen wurde die rechtskonservative Partei »Recht und Gerechtigkeit« abgewählt, nachdem diese jahrelang die Demokratie immer weiter ausgehöhlt hatte. Die neu gewählte Regierung versucht nun – trotz Widerstand der Rechten – die liberale demokratische Grundordnung wiederherzustellen.

Und obwohl es in Deutschland derzeit eine hohe Zustimmung zur rechtsextremen Partei »Alternative für Deutschland« (AfD) und einer verstärkten rechtspopulistischen Stimmungslage im öffentlichen politischen Diskurs gibt, formiert sich zunehmend eine Gegenbewegung zum rechten Trend. So scheint ein großer Teil der Bevölkerung die Bedrohung von rechts zu realisieren, nachdem öffentlich wurde, dass ein Geheimtreffen in Potsdam von Rechtsextremen stattfand, darunter Mitglieder der AfD, der WerteUnion und Unternehmern, um einen Plan für die Vertreibung von Personen in Deutschland mit Migrationsgeschichte zu diskutieren. Diese geplante »Remigration«[1] würde Millionen von Menschen betreffen, darunter auch Personen mit einem deutschen Pass (vgl. Tagesschau 2024). Das Treffen erinnert an die sogenannte Wannseekonferenz, bei der sich 1942 hochrangige NS-Vertreter in einer Villa am Wannsee trafen, um auf Behördenebene eine möglichst »effiziente« Ermordung europäischer Jüdinnen und Juden zu planen (vgl. Bundeszentrale für politische Bildung 2022).

Die erschreckende inhaltliche und geografische Nähe der beiden Veranstaltungen hat zu einer bundesweiten Protestbewegung in Deutschland geführt, was Hoffnung gibt. Die Aufgabe der Zivilgesellschaft besteht jetzt darin, konsequent gegen Rechtsextremismus vorzugehen und die Politiker*innen von ihrer zunehmenden Annäherung an rechte Positionen wie eine restriktive Asyl- und

---

1 Ursprünglich kommt der Begriff »Remigration« aus der Migrationsforschung und umfasst vor allem freiwillige Formen der Rückkehr. Dieser Begriff wurde aber von Rechtsextremen umgedeutet als »Euphemismus für die Forderung nach massenhafter Ausweisung von Menschen mit Migrationshintergrund« (Oltmer 2017).

Sozialpolitik abzubringen. Die Übernahme dieser Inhalte führt nur zu ihrer Legitimation und somit einer stärkeren Verankerung von Rechtsextremismus in der Bevölkerung.

Denn jene Einstellungen und die damit einhergehende gruppenbezogene Menschenfeindlichkeit sind kein Randphänomen der Gesellschaft. Sie sind in jeder Schicht vorhanden: ob in der Arbeiter*innenklasse, in der Mittelschicht oder in der Oberschicht – überall. Nur mag vielleicht der Arbeiter auf dem Bau seine Vorurteile direkter äußern als eine Ärztin oder ein Arzt. Dabei ist eine Person mit rechtsextremen Einstellungen nicht unbedingt gleich ein stereotyper Neonazi mit Glatze und Baseballschläger, der gerne politisch Andersdenkende verprügelt. Das Gedankengut kann jahrelang in einem Kopf schlummern, ohne dass daraus politische Aktionen wie die Wahl einer rechtsextremen Partei oder gar Aktivitäten in einer entsprechenden Bewegung wie beispielsweise PEGIDA einhergehen.

Oft mobilisieren bestimmte Personen, Parteien oder Bewegungen mit ihren Ansprachen ebendiese Personen, indem sie durch bestimmte Themen das rechte Potenzial aktivieren: Sie beschuldigen Migrant*innen, ihnen die Arbeitsplätze wegzunehmen oder behaupten, dass diese eine Bedrohung für das hiesige Sozialsystem darstellen. Wie wir derzeit weltweit sehen, eignet sich diese Sündenbock-Strategie gut, um Wahlerfolge zu erzielen. Dank einer diese Ängste schürenden Rhetorik ist es durchaus realistisch, dass ein*e Arbeiter*in, die*der immer schon sozialdemokratisch gewählt hat, dann ihre oder seine Stimme einer rechtspopulistischen oder rechtsextremen Partei gibt. Auch der*die Beamt*in, der*die schon immer die Union gewählt hat, läuft plötzlich und trotz guter ökonomischer Absicherung bei PEGIDA, Querdenkern oder Ähnlichem mit. Mit der Rhetorik der Angst wird zum Beispiel die Sorge um die eigene ökonomische Absicherung befeuert, die angeblich durch Migrant*innen bedroht sei.

Oft geht eine reale Verlustangst mit einer verkürzten oder fehlgeleiteten Verantwortungszuschreibung einher: Die Angst, den Arbeitsplatz zu verlieren und damit die ökonomische Absicherung, ist in einer Zeit zunehmender Arbeitsmarktliberalisierung realer denn je. Hinzu kommen die Folgen der Covid-19-Pandemie und des Kriegs in der Ukraine, die Teil von scheinbar dauernden Krisen sind und die vor allem die wirtschaftlichen Probleme zunehmend verstärken: Arbeitsplätze werden abgebaut und Menschen in Kurzarbeit geschickt.

Allerdings werden die Probleme oft nicht dort gesucht, wo sie verursacht werden. Es ist schwieriger, sich mit unserem Wirtschaftssystem und den daraus resultierenden Unsicherheiten oder dem Handeln der Regierung auseinanderzusetzen, als Personengruppen dafür verantwortlich zu machen, da es sich um sehr komplexe und nicht direkt greifbare Themen handelt. Damit einher gehen ein stark ausgeprägter Leistungsgedanke und eine Stigmatisierung von Armut. Aus dieser Perspektive gelten von Armut betroffene Menschen als »faul«, weil sie scheinbar nicht genug leisten. So werden arbeitslose Menschen unter anderem auch abfällig als »Hartzer« beschimpft, die scheinbar zu faul sind, sich Arbeit zu suchen. Somit bedeutet arm sein, ausgegrenzt und stigmatisiert zu werden. Und wer will das schon? Deshalb gilt: Bloß nicht betroffen sein und falls man selbst doch von Armut bedroht sein sollte, dann die Schuld bei anderen suchen.

In diesem Buch wird in das Thema Rechtsextremismus eingeführt und es werden Vorschläge für Gegenstrategien gemacht. Dazu wird zunächst der Frage nachgegangen, was Rechtsextremismus ausmacht und welche Stellung dieser in der Gesellschaft hat. Daran anknüpfend wird beschrieben, wie extrem rechte Einstellungen entstehen. Hierfür werden verschiedene Ansätze ausgewählt. Der Fokus liegt dabei auf der Erklärung von Rechtsextremismus auf der Grundlage von Wirtschaft und Globalisierung. Es folgt eine Beschreibung, wie Rechtsextremismus und Verschwörungsideologien zueinander in Verbindung stehen. Anschließend werden die grundlegenden Handlungsfelder und Strategien der extremen Rechten behandelt – von verschiedenen Strömungen über die Organisationsstruktur bis hin zu Rechtsextremismus in der Einwanderungsgesellschaft. Wie gesellschaftliche und politische Mitbestimmung die Verbreitung von Rechtsextremismus eindämmen kann, wird im Weiteren erläutert. Um Rechtsextreme besser im täglichen Leben erkennen zu können, werden Erkennungsmerkmale wie Codes, Symbole, Kleidungsstile und Musik erklärt. An die Strategien und Handlungsfelder der extremen Rechten anknüpfend werden schließlich Gegenstrategien vorgestellt, die das Ziel haben, Rechtsextremen den Nährboden für ihre menschenverachtende Ideologie zu entziehen. Darunter fallen der Umgang mit rechtsextremen Äußerungen, Strategien vor Ort in der Kommune, Vorgehensweisen gegen die extreme Rechte im Betrieb und im Netz, Strategien gegen Rechtsextremismus in der Einwanderungsgesellschaft, Recherche- und Aufklärungsarbeit, zivilgesellschaftliche und parlamentarische Gegenstrategien sowie Antidiskriminierungsarbeit.

2. Rechtsextremismus – was ist das?

Rechtsextremismus: Sammelbegriff verschiedenster Strömungen

Es gibt mehrere Definitionen von Rechtsextremismus, für die auf verschiedene Merkmale zur Begriffsbestimmung zurückgegriffen wird. Innerhalb der deutschen Sozialwissenschaft konnte sich in den letzten Jahren auf eine »Konsensdefinition« geeinigt werden. Demnach ist Rechtsextremismus »ein Einstellungssyndrom, das Fremdenfeindlichkeit, Chauvinismus,[2] die Affinität zur (nationalen) Diktatur, die Verharmlosung des Nationalsozialismus, Antisemitismus und Sozialdarwinismus[3] umfasst« (Best 2016: 122). Das bedeutet, dass Rechtsextremismus auf mehrere grundlegende Einstellungen zurückgeführt werden kann. Wenn diese Einstellungen zusammen auftreten und ein Muster bilden, dann kann von einem geschlossen extrem rechten Weltbild gesprochen werden.

Neben dem Konzept Rechtsextremismus gibt es mehrere ähnliche Begriffe, die sich aber inhaltlich unterscheiden. Darunter fallen Neonazismus und Neofaschismus, Rechtsradikalismus und Rechtspopulismus. Neonazismus und Neofaschismus wurden vor allem in den Nachkriegsjahren des Zweiten Weltkriegs als Selbstbezeichnung von politischen Bewegungen verwendet. Dabei wurde sich historisch auf den Nationalsozialismus und den Faschismus bezogen. Heutzutage werden diese Begriffe vor allem verwendet, um Personen und Bewegungen zu beschreiben, die sich selbst mit dem Faschismus oder dem Nationalsozialismus identifizieren. Oft wird der Begriff Neofaschismus genutzt, um verschiedene europäische Gruppen zu vergleichen. Jedoch führt dies zum Ausschluss aller Bewegungen, die sich positiv auf den Nationalsozialismus berufen. Denn im Gegensatz zum Faschismus ist der Nationalsozialismus nicht nur autoritär, sondern totalitär und dringt somit in alle Lebensbereiche ein. Außer-

---

[2] Chauvinismus bezeichnet ein übersteigertes Überlegenheitsgefühl einer Gruppe, die verbunden ist mit der Abwertung von anderen Gruppen oder Personen außerhalb dieser Gruppe. Darunter kann zum Beispiel ein Überlegenheitsgefühl von Männern gegenüber Frauen bezeichnet werden oder das Überlegenheitsgefühl einer Nation gegenüber einer anderen.

[3] Unter Sozialdarwinismus wird verstanden, dass die Entwicklung der sozialen Verhältnisse und der Gesellschaft als ein Kampf ums Überleben verstanden wird, wo nur die Stärksten und die Besten überleben.

dem beinhaltet dieser zusätzlich einen Antisemitismus, der auf die Vernichtung aller Jüdinnen und Juden abzielt (vgl. Salzborn 2018).

Im Gegensatz zu Neofaschismus und Neonazismus stellt Rechtsradikalismus einen Sammelbegriff verschiedener politischer Strömungen dar. Zunächst wurde er von konservativer Seite verwendet, um rechte und linke Radikale gleichzusetzen, die aus ihrer Sicht gleichermaßen eine Bedrohung für die freiheitlich demokratische Grundordnung darstellten. Allerdings wurde der Begriff auch als eine Alternative zum Rechtsextremismus oder als eine abgeschwächte Version dessen verwendet. Somit ist eine klare Definition von Rechtsradikalismus nicht möglich. Außerdem wird kritisiert, dass Radikalismus eine grundlegende Gesellschaftskritik mit sich bringt, was nicht auf das rechte Spektrum zutreffen kann, da diese die bestehende Herrschaftsordnung nicht radikal kritisiert (ebd.).

Derzeit verwenden die Verfassungsschutzbehörden einen allgemeinen und politisch wertenden Extremismus-Begriff im Sinne einer »Hufeisen-Theorie«. Der Kern dieser These liegt darin, dass sich rechte und linke Extreme einander annähern. Daraus wird von den Sicherheitsbehörden geschlussfolgert, dass alle »Extremist*innen« gleichermaßen eine Bedrohung für die Demokratie darstellen. Wissenschaftlich ist diese These aber nicht haltbar. Denn Extremismus gilt als Sammelbegriff für verschiedene Phänomene. Darunter fallen nicht nur Linksextremismus und Rechtsextremismus, sondern auch religiöser Fundamentalismus, Terrorismus sowie totalitäre und autoritäre Herrschaftsformen. Die Unterschiede zwischen den verschiedenen Konzepten sind dabei größer als ihre Gemeinsamkeiten.

Extremismus wird aus der Perspektive der Verfassungsschutzbehörden als Gegenstück zur Demokratie gesehen. Allerdings erlaubt das einfache Rechts-Links-Schema keine Schlussfolgerungen über die Verteilung von antidemokratischen Potenzialen in der Gesellschaft. Denn die politische Realität, wie sie im Extremismuskonzept dargestellt wird, lässt sich nicht auf einer einzigen Rechts-Mitte-Links-Achse abbilden. Vielmehr bedarf es weiterer Dimensionen, wie einer Demokratie-Autoritarismus-Achse. Denn so kann beispielsweise zwischen einem demokratischen und einem autoritären Sozialismus unterschieden werden. Die extreme Rechte ist jedoch wegen ihres völkisch-nationalistischen Selbstverständnisses von Grund auf antidemokratisch (vgl. Stöss 2015).

Derzeit wird vor allem der Begriff des Rechtspopulismus verwendet, um verschiedene Parteien zu vergleichen und einzugruppieren. An sich bezeichnet Populismus aber eine Art der politischen

Kommunikation und Rhetorik. Diese nimmt Bezug auf das »Volk« zur Rechtfertigung eigener Handlungen, aber auch zur Ansprache und Identifikation mit diesem. Es wird in dessen Namen gesprochen, um eigene politische Zielsetzungen zu begründen. Was genau unter »Volk« verstanden wird, ist jedoch Auslegungssache und wird oft bewusst nicht genau festgelegt. Unterschiede zwischen dem »Volk« und der »Elite« existieren meist nur hinsichtlich einiger spezifischer Kategorien, um im Zuge der Ausgrenzung von »Eliten« ein Gemeinschaftsgefühl zu konstruieren. Dies wird wiederum zur Mobilisierung aktiviert (vgl. Jagers/Walgrave 2007: 322).

Rechtspopulistische Parteien nutzen diese Rhetorik, um sich Wähler*innenstimmen zu sichern. Sie unterscheiden zwischen dem »Volk« als eine ethnisch in sich geschlossene Gruppe und einer politischen Elite, die gegen die Interessen des »Volkes« handelt (vgl. Mudde 2007). Allerdings sind die Rechtspopulist*innen meist selbst Teil der politischen Elite, was sie nicht davon abhält, sich davon abzugrenzen. In der Regel wird Rechtspopulismus mit Rechtsextremismus in Verbindung gesetzt. Dies bedeutet allerdings nicht, dass alle extrem rechten Parteien auch rechtspopulistisch ausgerichtet sind – und umgekehrt. Es zeigt sich also: Eine Abgrenzung ist schwierig.

Neben der Begrifflichkeit von rechtsextremen Einstellungen existieren auch noch die Begriffe rechtspopulistische Orientierung und Gruppenbezogene Menschenfeindlichkeit, die in Verbindung zueinanderstehen. Die Gruppenbezogene Menschenfeindlichkeit umfasst einen Teil rechter und antidemokratischer Einstellungen. Sie richtet sich gegen die Gleichberechtigung und Würde aller Menschen in der Gesellschaft (vgl. Zick et al. 2017: 66). Darunter fällt beispielsweise, dass Menschen wie Muslim*innen, Jüdinnen und Juden oder andere Personengruppen aufgrund ihrer ethnischen Zugehörigkeit als gesellschaftlich nicht gleichberechtigt erachtet werden. Dies allein reicht jedoch nicht, um jemanden als rechtsextrem oder rechtspopulistisch eingestellt einzuordnen. Dazu braucht es eine Einstellung, die Autoritarismus und somit eine Diktatur befürwortet und damit im Widerspruch zur Demokratie steht. Dies geht einher mit der Befürwortung von Disziplin und Gehorsam. Sollte jemand gegen die Autorität verstoßen oder von der »Normalität«[4] abweichen, dann wird Gewalt als legitimes Mittel für die Bestrafung er-

---

4 Als von der »Normalität« abweichend wird in diesem Sinne alles bezeichnet, was nicht der von den Autoritäten festgelegten Ordnung entspricht. Das können u.a. Homosexuelle oder politische Andersdenkende sein.

achtet. Eine Person, die rechtspopulistisch eingestellt ist, wird weniger stark Gewalt als Bestrafung einfordern als eine rechtsextrem eingestellte Person. Allerdings ist die Grenze zwischen beiden Einstellungen fließend (vgl. Zick et al. 2019: 132).

Rechte Einstellungen – ein gesellschaftliches Randphänomen?

Gerne wird Rechtsextremismus als ein Randphänomen der Gesellschaft dargestellt. Genauer betrachtet ist dies aber ein Fehlschluss. Der Soziologe Seymour Lipset (1967) stellte in den 1950er-Jahren die These auf, dass der Faschismus der Extremismus der Mitte sei. Seiner Ansicht nach gibt es nicht nur eine Radikalisierung am linken (Kommunismus) und am rechten (traditioneller Autoritarismus)[5] Rand, sondern auch in der »Mitte« der Gesellschaft. Diese These wurde von Jürgen Falter (1981) widerlegt. Er zeigte auf, dass die Wähler*innen der NSDAP nicht nur aus der Mittelschicht, sondern aus allen sozialen Schichten stammten. Allerdings verdeutlicht dies auch, dass die »Mitte« der Gesellschaft nicht automatisch Garant für eine funktionierende Demokratie ist.

Dies wird auch in der seit 2002 alle zwei Jahre durchgeführten »Mitte-Studie« deutlich. Sowohl in den vergangenen Studien als auch in der aktuellen Studie wird klar, dass es ein »Reservoir von rechtsextremen Einstellungen in der Bevölkerung« (vgl. Zick et al. 2023: 59) gibt – Einstellungen, an die während der Coronapandemie angeknüpft werden konnte und die die Zustimmungswerte ansteigen ließen. Es kann demnach eine stete Normalisierung von extrem rechtem Gedankengut festgestellt werden. Eine zunehmende Befürwortung rechtsextremer Positionen geht mit einer stärkeren Billigung politisch motivierter Gewalt einher. Die Herausforderungen für die Demokratie werden immer größer (vgl. ebd.: 61).

Die am 5. Februar 2020 erfolgte Wahl des FDP-Politikers Thomas Kemmerich zum Ministerpräsidenten von Thüringen mit den Stimmen der AfD zeigt, wie zerbrechlich die »Mitte« ist. »Es war ein Tabubruch mit historischen Parallelen.« (MDR 2021) Denn 90 Jahre vor diesem Ereignis war die NSDAP erstmals an einer Landesregierung mit der Unterstützung der Nationalliberalen und weiteren (rechts-)konservativen Parteien an einer Regierung beteiligt. Nicht zuletzt die breiten Proteste führten letztlich dazu, dass Kemmerich nur knapp einen Monat später, am 8. Februar 2020, sein Amt wie-

---

[5] Ein Beispiel für einen traditionellen Autoritarismus ist die Monarchie.

der aufgab. Es wurde allerdings deutlich, wie fragil die Brandmauer nach rechts hin in manchen Gegenden Deutschlands mittlerweile ist.

Was wird überhaupt unter der Mitte der Gesellschaft verstanden? Diesem Konzept folgend wird angenommen, dass es zwei politische Ränder gibt. Letztendlich variieren der Diskurs und die Debatte um die sogenannte Mitte nach Land und Zeit, was mit dem Einfluss von rechts oder links auf die Gesellschaft beziehungsweise der allgemeinen Entwicklung der Gesellschaft, der politischen Elite und dem Einfluss von politischen Interessensverbänden zu tun hat. Beispielsweise steht in Polen der gesellschaftliche Diskurs, was die Rechte von LGBTQI* oder das Recht auf Abtreibung betrifft, deutlich weiter rechts als in Deutschland. Denn hier hat die katholische Kirche noch einen deutlich stärkeren Einfluss auf die Debatte und die »Mitte« als in Deutschland. Sie hat zudem einen starken Einfluss auf die Parteien und somit auch auf die Gesetzgebung.

Auf der anderen Seite ist die Unterscheidung zwischen links und rechts sehr eindimensional, das heißt, es können nicht alle Unterschiede zwischen den politischen Meinungen und Bewegungen erfasst werden. Es besteht die Möglichkeit, weitere Differenzierungen hinzuzufügen. So gibt es beispielsweise zusätzlich die Unterscheidung zwischen liberal und konservativ. Liberal bedeutet dabei unter anderem, Rechte von LGBTQI* oder Geflüchteten zu unterstützen und somit gesellschaftspolitisch offen zu sein. Auf der anderen Seite bedeutet konservativ zu sein in diesem Zusammenhang, dass traditionelle Werte wie die Berufung auf ein traditionelles Familienbild oder das Ablehnen von Abtreibung für eine Person, eine Partei oder eine Bewegung wichtig sind. Das spiegelt sich beispielsweise auch im US-amerikanischen Parteiensystem wider. Die Demokraten vertreten gesellschaftspolitisch liberale Positionen und die Republikaner gesellschaftspolitisch konservative Positionen. Beide sind aber ökonomisch nicht direkt im linken ökonomischen Spektrum einzuordnen, da sie im Allgemeinen wirtschaftlichen Eingriffen durch den Staat und einer wirtschaftlichen Umverteilung eher kritisch gegenüberstehen.

Rechtsextremismus setzt sich also aus verschiedenen Einstellungsmerkmalen wie Gruppenbezogene Menschenfeindlichkeit, Chauvinismus, Verharmlosung des Nationalsozialismus, Antisemitismus, Sozialdarwinismus und die Befürwortung einer Diktatur zusammen. Es gibt verschiedene Begriffe, die in Verbindung mit Rechtsextremismus stehen. Darunter fällt unter anderem Rechtspopulismus, was nur bedingt vom Rechtsextremismus abzugrenzen ist. Insgesamt sind rechtsextreme Einstellungen auch in der sogenannten Mitte der Gesellschaft verbreitet und stellen daher kein Randphänomen dar.

3. Die Entstehung von rechtsextremen Einstellungen

Es gibt viele unterschiedliche Erklärungen für die Entstehung von rechtsextremem Gedankengut. Diese Erklärungen schließen sich nicht gegenseitig aus, sondern können alle gemeinsam beschreiben, wie es zu der Herausbildung dieser Einstellungen kommen kann. Denn es braucht nicht nur einen speziellen Umstand, um erläutern zu können, warum jemand eine rechtsextrem eingestellte Person ist. So reicht es beispielsweise nicht aus, dass jemand Neonazis als Freund*innen hat, um selbst diesem Spektrum zugeordnet zu werden. Es erhöht zwar die Wahrscheinlichkeit, aber es bedarf trotzdem mehrerer Merkmale, die in der Summe ein geschlossen extrem rechtes Weltbild ergeben: Antisemitismus, Autoritarismus, Nationalismus, Rassismus, (Geschichts-)Revisionismus und Sozialdarwinismus. Auch wenn ein eher links orientiertes Umfeld vor einer rechtsextremen Orientierung nicht unbedingt schützt, sinkt doch die Wahrscheinlichkeit.

Eine rechtsextreme Einstellung zu besitzen, bedeutet nicht, dass diese offen in Erscheinung tritt. Wenn das soziale Umfeld wie die Kolleg*innen oder Freund*innen ganz anderer Meinung sind, dann kann es auch passieren, dass niemand und vielleicht auch die Person sich nicht darüber im Klaren ist, welches Gedankengut in ihrem Kopf schlummert. Manchmal braucht es auch ein Ereignis, um dieses Gedankengut zu verstärken oder zu aktivieren und eine Handlung hervorzurufen. Als Ereignis kann die Krise der Asylpolitik von 2015 als Beispiel gelten. In den Medien wurden verstärkt Bilder von nach Deutschland fliehenden Menschen gezeigt. Bei einem Teil der hiesigen Bevölkerung führte dies dazu, dass rassistische Einstellungen in Aussagen getätigt wurden, in denen oftmals Neid formuliert oder soziale Probleme thematisiert wurden.

Zudem wurde sich mit Flucht und Asyl unter ökonomischen Gesichtspunkten auseinandergesetzt. Diese Menschen fühlten sich benachteiligt, fälschlicherweise davon ausgehend, dass »die« Geflüchteten alles bekommen und es ihnen selbst oder vielen »Deutschen« schlechter geht. Aufgrund dessen wähl(t)en etliche dieser Menschen die AfD und/oder beteiligten sich an den PEGIDA-Demonstrationen. Sie fingen damit an, Menschen, von denen sie denken, dass sie Ausländer*innen oder Geflüchtete sind, rassistisch zu diskriminieren oder gar körperlich anzugreifen. Verstärkt wird das Ganze durch

Gruppenvorurteile. Wenn sich eine angeblich geflüchtete Person vermeintlich falsch verhält, wird dies sofort auf die gesamte Gruppe von Geflüchteten projiziert und diese somit verurteilt. Im Kopf wird sie als negativ abgespeichert und dieses Bild wird immer wieder abgerufen, wenn man auf eine scheinbar geflüchtete Person trifft.

Umgekehrt kann auch der positive Kontakt zu Geflüchteten Vorurteile abbauen und somit auch die Wahrscheinlichkeit, ein rechtsextremes Weltbild zu entwickeln. Oftmals ist Rassismus auch dort stärker verbreitet, wo (vermeintliche) kaum Migrant*innen oder Personen mit einer anderen Religion als der Mehrheitsreligion des Christentums oder Ethnie leben oder von der Gesellschaft ausgeschlossen werden. So fördert beispielsweise die Ghettoisierung von Roma in Teilen Osteuropas Vorurteile und Ablehnung gegen diese. Aufgrund des mangelnden Kontakts können Falschinformationen und Gerüchte kaum widerlegt werden. Nach demselben Prinzip werden rassistische Vorurteile gegenüber in Lagern untergebrachten Geflüchteten manifest und weiterverbreitet.

Jetzt braucht es nur noch die Rhetorik mindestens einer Partei, die diese Vorurteile weiter schürt und ihnen Legitimität zu verschaffen sucht. Mit der AfD existiert eine Partei, in der Rassismus und die Hetze gegen Geflüchtete programmatisch sind. Um mehr Menschen mit rassistischen und rechten Einstellungen zu erreichen, ihre Meinung breiter zu streuen und stärkeren Einfluss auf die gesellschaftliche Debatte auszuüben, bedient sie sich eines Musters: Es werden mitunter tabubrechende Äußerungen in der Öffentlichkeit getätigt, die dann wenig später wieder zurückgenommen werden. So verkündete bereits 2016 Beatrix von Storch – damals Landesvorsitzende der AfD Berlin und seit 2017 stellvertretende Fraktionsvorsitzende der AfD-Bundestagsfraktion –, dass ein Schusswaffengebrauch gegen geflüchtete Frauen und Kinder bei einem Grenzübertritt in Erwägung gezogen werden dürfe. Wenig später ruderte sie mit der Begründung zurück, dass sie sich »nur« auf Frauen bezogen habe (vgl. FAZ 2016). Selbst ohne diese Einschränkung ist diese Positionierung menschenverachtend und zeigt klar die inhaltlich rechtsextreme Verortung der Partei. Sie hat damit auch ihre Wirkung erreicht: Die Aussage wurde in die Öffentlichkeit getragen und Gruppenbezogene Menschenfeindlichkeit weiter salonfähig gemacht. Die Relativierung gilt zum einen der juristischen Absicherung und zum anderen soll damit die eigene Wählbarkeit für mehr Menschen erreicht werden.

Insgesamt gibt es viele verschiedene Ansätze, die zur Erklärung von rechtsextremen Einstellungen herangezogen werden können.

So kann die Erklärung in der Kindheit und Erziehung und somit in der Sozialisation liegen oder auf den Einfluss gesellschaftlicher Kulturen und Strukturen zurückgeführt werden. Dabei kann die Struktur einer Gesellschaft sich wiederum auf die Sozialisation auswirken. Beispielsweise sind Menschen, die in einer Diktatur aufwachsen, tendenziell auch autoritär sozialisiert. Im Folgenden sollen vor allem zwei Erklärungen näher betrachtet werden: Der psychologische Ansatz des autoritären Charakters beziehungsweise der autoritären Persönlichkeit und die gesellschaftliche Desintegration als Ursache für die Entwicklung von rechtsextremen Einstellungen. Außerdem wird aufgezeigt, wie diese beiden Erklärungen in Verbindung zueinanderstehen. Damit wird auch deutlich, wie wirtschaftliche Ursachen und die damit einhergehende soziale Frage für die Herausbildung von rechtsextremen Orientierungen verantwortlich sind.

Der Autoritarismus-Ansatz

Der Ursprung des Autoritarismus-Ansatzes geht auf Studien aus den 1930er-Jahren zurück, in denen die autoritären Strömungen und der Aufstieg der NSDAP in der Weimarer Republik untersucht werden. Ein Autoritätsverhältnis beinhaltet grundlegend ein erzwungenes Verhalten. Dazu gehört eine emotionale Bindung zu einer untergeordneten und einer übergeordneten Persönlichkeit (vgl. Salzborn 2018: 118f.). In der NS-Ideologie wäre aus Sicht eines »deutschen Mannes« das Übergeordnete der »Führer«, der über allem steht und somit über die uneingeschränkte Entscheidungsgewalt ohne Kontrolle nach unten über das »deutsche Volk« verfügt. Alle anderen sind dem »Führer« verantwortlich und müssen Entscheidungen in seinem Sinne ausführen. Diese emotionale Einordnung eines Menschen in eine Hierarchie kann bewusst, aber auch unbewusst eine Rolle spielen. Dieses Autoritätsverhältnis wird geprägt von Liebe und Angst vor dem Liebesverlust einer »Autorität« gegenüber einer Person. Ein Autoritätsverhältnis muss aber nicht zwingend zwischen Menschen bestehen. Es kann auch den Glauben und die Hingabe für ein Volk, eine Kultur, eine Nation oder gar die Wirtschaft sein. Einer Person mit einem autoritären Charakter verschafft die Bindung an eine Person oder eine Gruppe Befriedigung (vgl. ebd.).

Aus diesen Überlegungen entwickelten Theodor W. Adorno und andere Forscher*innen die Theorie der autoritären Persönlichkeit. Darunter wird eine Persönlichkeit verstanden, die besonders zu generalisierten Vorurteilen, der Orientierung an der eigenen Ethnie beziehungsweise Nation, einer konservativen Wirtschaftspolitik und faschistischen Einstellungen neigt (Adorno et al. 1950). Die Herausbildung einer »autoritären Persönlichkeit« erfolgt vor allem in der Kindheit. Hier sind das Familienklima und der Erziehungsstil entscheidend. Die autoritäre Neigung entsteht dabei aus einer emotional kalten und rationalistischen Beziehung zu einem dominierenden Elternteil. So haben Personen, die offen gegenüber einer faschistischen Ideologie waren, oft in ihrer Kindheit Hassgefühle gegenüber Autoritäten entwickelt, die sie nicht ausleben und ausdrücken konnten. Dadurch entstanden innere Konflikte. Diese werden geprägt durch eine unreflektierte Haltung zu Liebe und Zustimmung zur Autorität. Ein unterschwelliger Hass bleibt jedoch erhalten. Dieser Hass, der nicht ausgelebt werden kann, richtet sich gegen Schwächere oder soziale Randgruppen (vgl. Oepke 2005: 133f.). Da nicht nur die Eltern einen Einfluss auf die Sozialisation von Kindern haben, können auch andere Personen und Einrichtungen einen Einfluss auf die Herausbildung einer »autoritären Persönlichkeit« haben.

Eine autoritäre Persönlichkeit muss sich nicht zwingend an einem Menschen orientieren. Möglich ist auch die Identifizierung mit der Größe und Stärke der Wirtschaft sowie der Gewalt des Marktes. Auf diesem Markt, der die Autorität abbildet, muss sich jede*r Einzelne behaupten. Wer am Markt nicht mithalten kann oder sich nicht den Bedingungen des Marktes unterwirft, wird ausgeschlossen. Bei wirtschaftlich schlechten Bedingungen, sei es auf der persönlichen Ebene oder auf der staatlichen Ebene, kann sich Wohlstand auch als eine »narzisstische Plombe« erweisen. Das heißt, dass aufgrund der eigenen oder kollektiven wirtschaftlich schlechten Lage eine Aggression bei der autoritären Persönlichkeit entsteht. Da die Macht der Wirtschaft als zu groß erscheint, richtet sich die Aggression gegen diejenigen, die scheinbar für das Scheitern verantwortlich sind. Somit bieten sich vor allem »Fremde« oder andere Gruppen als Feinde an und können zur Entstehung von rechtsextremen Einstellungen beitragen (vgl. Decker 2015: 26, 29–31).

Desintegration als Ursache von rechtsextremen Einstellungen

In unserer heutigen Gesellschaft, die sich schnell verändert, nimmt das Individuum und somit die*der Einzelne mit ihren*seinen Entscheidungen eine wichtigere Rolle im Zusammenleben ein als noch vor 50 oder 100 Jahren. Viele verschiedene Lebensentwürfe existieren nebeneinander. Dieser Pluralismus bietet im Vergleich zu früheren Zeiten viel Freiheit und damit viele verschiedene Möglichkeiten, das eigene Leben zu gestalten. Dabei kommt gesellschaftlichen Institutionen und Gemeinschaften wie dem Kindergarten, der Schule, einem funktionierenden Vereinswesen und staatlichen Einrichtungen, welche die Menschen unterstützen und absichern, eine besondere Bedeutung zu: Sie dienen der gesellschaftlichen Integration und der Anerkennung für das Handeln der Individuen.

Zentral ist hier die Bereitstellung des Zugangs zum Arbeits- und Wohnungsmarkt, das Einbinden in gesellschaftliche Prozesse und ein soziales Umfeld. Denn viele Aufgaben, die heute verschiedene Institutionen übernehmen, wie ein soziales Umfeld zu schaffen oder jemanden ökonomisch abzusichern, waren in früheren Zeiten Aufgaben der Familie. Von Desintegration wird dann gesprochen, wenn eben diese Institutionen und Gemeinschaften nicht mehr für eine ausreichende Integration eines Menschen sorgen und nicht mehr ausreichend Anerkennung bereitstellen können, um ein stabiles Selbstwertgefühl zu ermöglichen (vgl. Anhut/Heitmeyer 2009: 212).

Sozialer Wandel und gesellschaftliche Krisen können die Verbreitung sozialer Desintegration in der Gesellschaft verstärken. Dazu gehört beispielsweise eine Weltwirtschaftskrise, der Anstieg sozialer Ungleichheit oder eine gesellschaftliche Polarisierung. Wenn es längerfristig zu Desintegration und somit einem Mangel an Anerkennung kommt, kann dies die Herausbildung von rechtsextremen Einstellungen fördern. Denn die verweigerte Anerkennung führt dazu, dass es eine Entlastung braucht, um ein positives Selbstbild wiederherzustellen. Oder es wird nach einem Ventil gesucht, um auf die schwierige persönliche Lage aufmerksam zu machen oder den eigenen Status aufrechtzuerhalten. Denn mit der Abwertung von anderen Gruppen wie Geflüchtete oder Arbeitslose geht eine Aufwertung der eigenen Position und damit dem eigenen Selbstbild einher (vgl. Kaletta 2008).

Desintegration als Ursache für die Entstehung von rechtsextremen Einstellungen steht in Verbindung mit einem autoritären Charakter. Denn Menschen, die grundsätzlich stärker autoritär eingestellt sind, sind schneller verunsichert, wenn ihre Autorität infrage gestellt wird. Die Anerkennung, die sie aus dem Autoritätsverhältnis ziehen, kann somit nicht länger gewährleistet werden und es erfolgt eine verstärkte Hinwendung zu einer rechtsextremen Orientierung, um das eigene Selbstbild aufrechtzuerhalten (vgl. Rippl et al. 2012: 308). Im Falle einer Wirtschaftskrise bedeutet das für autoritär eingestellte Personen, dass die Autorität einer starken Wirtschaft ins Wanken gerät. Um das Bild der Autorität aufrechtzuerhalten, werden »Schuldige« gesucht, die für die Veränderungen verantwortlich gemacht werden wie beispielsweise Migrant*innen.

Prekarität

Prekäre Beschäftigungsverhältnisse, also befristete Arbeitsverträge, unfreiwillige Teilzeitbeschäftigung und Löhne, die nur ein Leben an und unterhalb der Armutsgrenze ermöglichen, schaffen Unsicherheiten. Dabei ist Prekarität nicht unbedingt vom Schulabschluss abhängig und damit kein explizites Phänomen der sogenannten Unterschicht. Auch Menschen mit einem Studienabschluss können in prekäre Beschäftigungsverhältnisse rutschen. Bei Hochschulabgänger*innen stellen befristete Jobs und in vielen Branchen auch Teilzeitbeschäftigung bereits eine Normalität dar. Der Stundenlohn ist zwar in der Regel höher, aber durch die Befristung, wie auch durch unfreiwillige Teilzeitbeschäftigung, besteht eine ständige Unsicherheit hinsichtlich der beruflichen Zukunft.

Somit können prekäre Beschäftigungsverhältnisse soziale Desintegration verursachen. Allerdings heißt das nicht, dass alle Menschen, die prekär beschäftigt sind, eher rechtsextrem eingestellt sind. Vielmehr wird die Herausbildung einer solchen Haltung befördert durch die Angst, in genannte Beschäftigungsverhältnisse abzurutschen und dadurch soziale Desintegration zu erfahren. Durch die Abwertung von anderen Gruppen wie beispielsweise Migrant*innen oder Arbeitslose und die Aufwertung der eigenen Gruppe wird versucht, das Selbstwertgefühl zu stabilisieren (vgl. Dörre 2012). Dabei sind autoritär eingestellte Menschen dafür besonders anfällig.

Auch innerbetriebliche Spaltung der Beschäftigten in Stamm- und Leiharbeiter*innen kann Ressentiments und Rassismus begünstigen. Denn durch die zeitlich begrenzte Integration von prekär Beschäftigten in betriebliche Arbeitsverläufe entsteht innerhalb der Stammbelegschaft ein Gefühl der Ersetzbarkeit, was Unsicherheit zur Folge hat (vgl. Kraemer/Speidel 2005: 379–382). Somit ergibt sich aus dem Einsatz von Leiharbeit eine Disziplinierung der Stammbelegschaft, wodurch rassistische Einstellungen im Betrieb als Begleiterscheinung auftreten können. Doch auch der Wunsch von Leiharbeiter*innen, selbst der Stammbelegschaft anzugehören und trotz vergeblicher Anstrengungen diesen Status nicht zu erreichen, kann Ressentiments verstärken. Die alltägliche Konkurrenz um die Verbesserung oder die Erhaltung der eigenen beruflichen Stellung kann bei vielen Beschäftigten zur Ausgrenzung und Abwertung von anderen führen (vgl. Dörre et al. 2006).

Stigmatisierung von Armut

Auch Armut kann verstärkt zu Desintegration und fehlender Anerkennung führen. Allerdings ist das nicht unbedingt dort der Fall, wo Armut stark verbreitet ist. Vielmehr ist die Wahrnehmung von Armut entscheidend für die Entstehung von Desintegration und somit der verstärkten Etablierung von rechtsextremem Gedankengut. Denn dort, wo Armut stärker stigmatisiert ist und weniger den gesellschaftlichen Verhältnissen zugeschrieben, und stattdessen als Ergebnis von individuellen Fehlentscheidungen oder gar als Faulheit gesehen wird, werden Arme stärker ausgegrenzt. Dies kann durch bestimmte Strukturen oder Institutionen verstärkt werden.

Wenn Armut als individuelles Versagen abgestempelt wird, dann sind die von ihr Betroffenen stärker auf sich selbst gestellt. Soziale Kontakte aufrechtzuerhalten ist für sie deutlich schwieriger. Sie sind in ihrem täglichen Leben Schuldzuweisungen und Scham ausgesetzt – im Gegenteil zu Regionen, in denen Armut relativ stark in der Gesellschaft verbreitet ist und zum Alltag gehört, wie es beispielsweise in vielen osteuropäischen Ländern der Fall ist (vgl. Böhnke 2008; Paugam 2008).

Auch hier gilt nicht der Fehlschluss, dass in weniger von Armut geprägten Gesellschaften Arme vermehrt rechtsextrem eingestellt sind. Stattdessen ist auch hier die Wahrnehmung von Armut ausschlaggebend. Denn es sind insbesondere diejenigen, die Angst davor haben, in die Armut abzurutschen und ihren Status zu verlieren, die mit rechtsextremen Einstellungen versuchen ihr Selbstwertgefühl aufrechtzuerhalten. So werten sie zum Beispiel marginalisierte Gruppen wie Homosexuelle oder Geflüchtete ab und identifizieren sich verstärkt mit ihrer ethnischen Zugehörigkeit beziehungsweise Nationalität. Denn diese gibt ihnen die Rechtfertigung, besser als andere zu sein und sich von als anders markierten Gruppen abzuheben.

In Deutschland, aber auch in anderen westeuropäischen Ländern, hat seit den 1990er-Jahren eine Deregulierung des Arbeitsmarktes[6] und ein Wechsel hin zu einer aktivierenden Arbeitsmarktpolitik stattgefunden (vgl. Fromm/Sproß 2008). Das bedeutet, dass auf der einen Seite der Schutz der Beschäftigten gegenüber den Unternehmer*innen abgenommen hat. Dadurch ergibt sich auf der einen

[6] Eine Deregulierung des Arbeitsmarktes bedeutet, dass es weniger (sozial-)staatliche Vorgaben gibt, die Menschen vor Arbeitslosigkeit und prekären Arbeitsbedingungen schützen. Der Staat setzt hier vielmehr auf Selbstregulierung durch den (Arbeits-)Markt.

Seite eine stärkere Unsicherheit in der Bevölkerung, den Arbeitsplatz und dadurch den eigenen Status zu verlieren. Auf der anderen Seite fällt unter eine aktivierende Arbeitsmarkt- und Sozialpolitik das Prinzip »Fördern und Fordern«, wodurch dem Individuum eine stärkere Verantwortung beispielsweise beim Verlust des Arbeitsplatzes oder dem Bezug von Sozialleistungen zugeschrieben wird. Dadurch entsteht der Eindruck, dass weniger die gesellschaftlichen Verhältnisse für die Misere der*des Einzelnen verantwortlich sind, sondern das individuelle Versagen. In Armut geratene Personen nehmen sich durch eine aktivierende Arbeitsmarktpolitik als Angehörige einer stigmatisierten Minderheit wahr. Diese Wahrnehmung wird durch das staatliche Fürsorgesystem verstärkt (vgl. Dörre 2019). Dies hat für Beschäftigte eine abschreckende und disziplinierende Wirkung und kann zur Bekräftigung des Selbstwertgefühls vermehrt rechte Einstellungen hervorrufen.

Ein Beispiel bildet hier das Arbeitslosengeld II (ALG II), auch als Hartz IV bekannt. Wer in Deutschland arbeitslos wird und keinen Anspruch auf Arbeitslosengeld I hat, d.h. Menschen, die in der Regel mehr als ein Jahr arbeitslos sind oder bisher zu wenig in die Arbeitslosenversicherung eingezahlt haben, um einen Anspruch darauf zu haben, können ALG II oder »Bürgergeld« beziehen. Dabei wird auch das Vermögen angerechnet. Das bedeutet wiederum, wenn jemand sein Leben lang gearbeitet und sich vielleicht auch eine Wohnung gekauft hat, kurz vor der Rente arbeitslos wird, muss er*sie erst das Ersparte ausgeben und die Wohnung verkaufen, um ALG II beziehen zu können. Das ist jedoch noch nicht alles:

Um Sanktionen oder Kürzungen zu verhindern, muss die betroffene Person sich gegenüber dem Jobcenter bemühen, einen neuen Arbeitsplatz zu bekommen und die dabei auferlegten Fristen einhalten. Wenn dies nicht gelingt, können Kürzungen des vorgegebenen Existenzminimums vorgenommen werden. Gerechtfertigt wird dieser Umgang vor allem mit Verweis auf Langzeitarbeitslose, dass sich diese in einer »sozialen Hängematte« einrichten und sich nicht ausreichend bemühen würden, einen Job zu finden. Auch nach Leistungskürzungen und einem Leben unterhalb der Armutsgrenze wird Bezieher*innen von ALG II vorgeworfen, dass ihre »Unterschichtsmentalität« auf Faulheit beruhe und sie »aktiviert« werden müssen, sich wieder eine Arbeit zu suchen.

Letztendlich führt dieses System dazu, dass diejenigen, die es aufgrund ihrer sozialen Lage bereits schwer haben, einen Weg zurück in die Gesellschaft zu finden, noch mehr Steine in den Weg gelegt werden. Diese Stigmatisierung von Menschen in Armut durch die Behörden stellt einen Spiegel der Gesellschaft dar, der durch eine Spirale der Abwertung entsteht.

Selbst wenn Menschen nicht direkt davon bedroht sind in Armut abzurutschen, besteht doch die Angst davor, arm und somit ausgegrenzt zu werden. Daher neigen Menschen dazu, ihre Abstiegsängste auf andere Gruppen, wie Migrant*innen zu projizieren, um ihre Ängste zu kompensieren. Für Menschen mit einer rechtsextremen Einstellung sind Migrant*innen diejenigen, die für die Armut verantwortlich sind. Ihnen wird auf der einen Seite »Faulheit« zugeschrieben und dass sie durch das vermeintliche Ausnutzen der Sozialleistungen das Sozialsystem bedrohen. Auf der anderen Seite nehmen sie »den« Deutschen angeblich Arbeitsplätze weg und verursachen dadurch Arbeitslosigkeit. Wenn Armut nämlich nur die Schuld von anderen ist, dann kann die Eigenverantwortung dafür von sich gewiesen werden.

Die wahrgenommene Bedrohung durch Armut und der damit einhergehende Verlust des Status und des Selbstwertgefühls rücken in weite Ferne. Die tatsächliche Lebenssituation von Migrant*innen wird dadurch aber verdrängt. Geflüchtete im Mittelmeer ertrinken zu lassen, erscheint dann als ein unausweichliches Übel, um das »eigene« Land und den eigenen Status zu retten. Aus der Perspektive von Rechtsextremen kommen die Geflüchteten nach Europa, um das Sozialsystem auszubeuten, den Einheimischen und damit potenziell einem selbst die Arbeit und die soziale und ökonomische Absicherung wegzunehmen. Diese Sichtweise ist eingebettet in eine Ideologie der Ungleichwertigkeit. Denn nur das eigene Volk ist berechtigt, am Wohlstand teilzuhaben.

Oft geht dies einher mit einer spezifischen Deutung des Leistungsgedankens: Die eigene Arbeit und Leistung wird als Berechtigung für den individuellen oder auch den Wohlstand des eigenen »Volkes« gesehen. Dass dieser Wohlstand zulasten von anderen Menschen – insbesondere der Bewohner*innen des Globalen Südens – zurückzuführen ist, wird entweder ignoriert oder als eine natürliche Hierarchie, in der sich jede Ethnie einzufügen hat, gesehen.

Klassenbasierte Abwertung

Alle wollen zur Mittelschicht gehören (siehe Tabelle 1 auf der folgenden Seite). Nicht nur Teile der Arbeiter*innenklasse wollen zur Mittelschicht gehören. Insbesondere Angehörige der Oberschicht zählen sich zur Mittelschicht. Nur 0,5% sehen sich als Angehörige der

Oberschicht im Vergleich zu den ca. 27% der Menschen in Deutschland, die der Oberschicht zugeordnet werden.

Tabelle 1: Selbsteinschätzung Klassenzugehörigkeit in Deutschland und Einordnung der Klassenzugehörigkeit nach objektiven Kriterien in %

	Selbsteinschätzung Klassenzugehörigkeit	Objektive Klassenzugehörigkeit
Oberschicht	0,5	26,8
Mittelschicht	70,0	39,9
Arbeiter*innenklasse	29,5	33,3

Quelle: GESIS – Leibniz-Institut für Sozialwissenschaften 2019, Blickle et al. 2021

Die Oberschicht will aus »Bescheidenheit« bzw. sozialer Erwünschtheit zur Mittelschicht gehören. Diejenigen, die viel verdienen, das sind die anderen. Denn es gehört nicht zur politischen Kultur in Deutschland, mit Reichtum zu prahlen. So zählt sich der CDU-Politiker Friedrich Merz zur »gehobenen Mittelschicht«, jemand, der ein Millionenvermögen hat und gerne mit einem Privatflugzeug zum Termin erscheint (vgl. Böcking/Hesse 2018). Eine Selbstzuschreibung als Angehöriger der Oberschicht könnte potenzielle Wähler*innen verschrecken und wird daher bestritten.

Auf der anderen Seite steht die Arbeiter*innenklasse, die stigmatisierend auch als »Unterschicht« bezeichnet wird. Gab es Zeiten, in denen ein Mensch noch »stolz« sein konnte, zur Arbeiter*innenklasse zu gehören und in denen das Klassenbewusstsein den Zusammenhalt stärkte, sieht es heute anders aus: Arbeiter*in zu sein, bedeutet vielmehr Stigmatisierung und Ausschluss aus der Gesellschaft. Diese Entwicklung wird verstärkt durch die Akademisierung der Berufe. So überstieg im Jahre 2013 die Zahl der Studienanfänger*innen erstmals die Anzahl derjenigen, die eine Berufsausbildung im dualen System begonnen haben. Viele vormalige Berufsausbildungen wurden in den letzten Jahren insbesondere in duale Studiengänge umgewandelt. Auch erscheint die Berufsausbildung vielen Berufseinsteiger*innen weniger attraktiv und bekommt ein zunehmend negatives Image (vgl. Elsholz et al. 2018).

Nicht nur aufgrund der Akademisierung der Berufswelt in Deutschland schrumpft die Arbeiter*innenklasse. Die Technisierung und Digitalisierung sowie der Wandel hin zu einer Dienstleistungsgesellschaft lassen den Anteil der Arbeiter*innen in der Gesellschaft schrumpfen. War die Mehrheit der Beschäftigten in den Jahren nach dem Zweiten Weltkrieg Arbeiter*innen, ist diese Bevölkerungsgruppe nun in der Minderheit und unterliegt einer stärkeren Stigmatisierung.

Diese Stigmatisierung führt dazu, dass vor allem Menschen, die Angst haben, zur »Unterschicht« zu gehören, stärker zu rechtsextremen Einstellungen neigen. Die Angst vor der Stigmatisierung führt dazu, dass diese Personen sich ein Ventil suchen, um den eigenen Status aufzuwerten. Diese Desintegrationserfahrungen führen zu einer Abwertung von Minderheiten und einer Aufwertung der eigenen Nation, um das eigene Selbstwertgefühl aufrechtzuerhalten und ein Zugehörigkeitsgefühl zu erlangen.

Die Ideologie der nationalen Zugehörigkeit beruht auf dem Gedanken einer Volksgemeinschaft, was im Widerspruch zum eigentlichen Interesse der Arbeiter*innen bzw. Beschäftigten steht. Die Existenz des Klassensystems und insbesondere der Konflikt zwischen Beschäftigten und Unternehmer*innen basiert auf dem Gegensatz der Interessen von Arbeit und Kapital. Diese Konfliktlinie wird im Konzept einer Volksgemeinschaft als »Gruppenegoismus« abgetan. Hier gibt es vor allem einen Konflikt zwischen den »Völkern« und nicht zwischen den Klassen. Eine »Vermischung der Völker« wird abgelehnt. Beschäftigte und Unternehmer*innen sind Teil des »Volkes« und haben sich in eine gegebene Hierarchie im Rahmen der sogenannten Volksgemeinschaft einzuordnen, weshalb die Unterwerfung der ersteren unter die zweiten aus dieser Perspektive kein Problem darstellt, auch wenn die Angehörigen der Arbeiter*innenklasse faktisch handeln. Anstelle des Klassenkonflikts tritt ein vermeintlicher Interessenkonflikt zwischen nationalen Zugehörigkeiten.

Zukunftsängste

Die Kranken-, Arbeitslosen- und Rentenversicherung sollen dafür sorgen, dass wir in unserem Leben vor potenziellen sozialen und wirtschaftlichen Risiken abgesichert werden und nach einem anstrengenden Arbeitsleben das Leben in Rente ausklingen lassen können. Aber was ist, wenn diese Sicherungssysteme nicht mehr funktionieren? Was geschieht, wenn wir arbeitslos werden und es kein Arbeitslosengeld mehr gibt? Was passiert, wenn wir krank sind und die Krankenversicherung wichtige Untersuchungen und Operationen nicht mehr zahlt? Und was ist, wenn die Rente nicht mehr zum Leben reicht, obwohl regelmäßig in die Rentenversicherung eingezahlt wurde?

Diese Ängste werden zunehmend Realität, denn in den letzten Jahren wurde in Deutschland immer weiter am Wohlfahrtssystem gespart und Leistungen zurückgefahren. Auch die bereits erwähnte Hinwendung zu einer aktivierenden Arbeitsmarkt- und Sozialpolitik, die zusätzlichen Druck auf die Bevölkerung ausübt, führt nicht gerade zur Entspannung der Lage. Die Menschen müssen länger arbeiten, um in Rente gehen zu können. Dies hängt auch mit dem demografischen Wandel und der damit einhergehenden Überalterung zusammen. Hinzu kommt die Gefahr der Altersarmut, die vor allem Frauen trifft. Denn es sind nach wie vor Frauen, die sich um Haushalt und Kinder kümmern, und daher weniger in das Rentensystem einzahlen können. In den Großstädten kommen die steigenden Wohnungspreise und Mieten hinzu, die es für bestimmte Einkommensgruppen unmöglich machen, sich ein Eigenheim zu leisten oder eine passende Wohnung zu finden.

All dies erzeugt eine permanente Zukunftsunsicherheit und -angst, die auch Auslöser für rechtsextremes Gedankengut sein kann: So suchen sich Menschen ein Ventil, um das eigene Selbstwertgefühl aufrechtzuerhalten. Vor allem Migrant*innen und Arbeitslosen wird zugeschrieben, das »Sozialsystem auszubeuten«. Es wird angenommen, dass Migrant*innen nur nach Deutschland kommen, um hier von Sozialleistungen zu leben und so das Leistungsniveau für »Einheimische« zu drücken. Das ist insofern paradox, weil gerade Einwanderung die Lösung wäre, um das Sozialsystem zu retten und die Renten zu sichern. Denn in einer überalterten Gesellschaft braucht es ausreichend Menschen, die arbeiten, um das Rentenniveau aufrechtzuerhalten. Mit der Abschottung Europas gegenüber Migrant*innen wird dagegen der Niedergang unseres Wohlfahrtssystems beschleunigt. Es erfolgt eine Identifikation mit der Nation, um eine positive Gruppenzugehörigkeit zu erreichen und einen Anspruch am Wohlfahrtssystem zu reklamieren.

In diesem Kapitel wurde gezeigt, wie und warum die Wirtschaft sowie die soziale Frage einen Einfluss auf die Herausbildung von rechtsextremen Einstellungen haben. Es wurde festgestellt, dass Begegnungen und die Integration von Migrant*innen in die Gesellschaft der Herausbildung von rechtsextremen Einstellungen entgegenwirken kann. Eine autoritäre Einstellung hingegen fördert die Herausbildung einer rechtsextremen Orientierung. Rechtsextremes Gedankengut ist auch ein Resultat von Desintegration, wofür autoritäre Menschen besonders anfällig sind. Für die von Desintegration betroffenen Menschen ist gesellschaftliche Teilhabe nur eingeschränkt oder unzureichend gegeben. Darüber hinaus fühlen sich manche Menschen nicht ausreichend integriert oder haben Angst davor, zukünftig nicht partizipieren zu können.

Wichtig für die gesellschaftliche Integration sind staatliche Institutionen, die die Familie als Unterstützungsnetzwerk abgelöst haben. Somit begünstigen prekäre Arbeitsverhältnisse, wie Befristung, unfreiwillige Teilzeit, aber auch ein Leben unterhalb der Armutsgrenze, Desintegration und damit die Entstehung von rechtsextremem Gedankengut. Hinzu kommt die Stigmatisierung von Armut, die vor allem durch eine aktivierende Arbeitsmarkt- und Sozialpolitik hervorgerufen wird. Armut wird infolgedessen nicht mehr als ein gesellschaftliches Problem, sondern vielmehr als ein individuelles aufgefasst. Arme Menschen werden dadurch stärker ausgegrenzt und die Angst, in Armut abzurutschen, nimmt zu. Um diese Angst abzuwenden und das eigene Selbstwertgefühl zu stärken, werden Abgrenzungsstrategien entwickelt, indem Minderheiten abgewertet werden und die eigene Ethnie oder Nation aufgewertet werden.

Ein ähnlicher Mechanismus zeigt sich auch bei einer klassenbasierten Abwertung. Die Angst vor einem Abstieg in die »Unterschicht«, aber auch eine entsprechende Stigmatisierung führen dazu, dass vermehrt rechtsextreme Orientierungen entstehen, um das eigene Selbstwertgefühl aufrechtzuerhalten. Auch Zukunftsängste spielen hier eine Rolle. Die Unsicherheit vor der eigenen Zukunft, die mit dem Abbau des Sozialversicherungssystems einhergeht, kann zu Ängsten führen, die die Entstehung von rechtsextremen Einstellungen begünstigen.

4. Rechtsextremismus und Verschwörungsideologien

Verschwörungsmythen oder Verschwörungserzählungen sind Erklärungen, die wissenschaftliche Fakten, wie die einer runden Erde leugnen. Sie unterstellen mächtigen »bösen« Gruppen oder Personen, dass diese der Gesellschaft schaden. So behaupten die Anhänger*innen der Flat-Earth-Verschwörung, dass die Erde eine Scheibe sei und Wissenschaftler*innen Religion durch Wissenschaft ersetzen wollen. Diese Verschwörungserzählungen liefern einfache, aber falsche Erklärungen für komplexe Probleme.

Verschwörungsmythen werden meist dann zur Erklärung herangezogen, wenn ein Ereignis nicht verstanden wird oder eine Verantwortlichkeit für einen Prozess (z.B. den Klimawandel) gesucht wird. Das Ziel besteht darin, das eigene Ohnmachtsgefühl oder die Unfähigkeit bzw. den Unwillen zu kompensieren und sich daraus ein Allmachtsgefühl zu verschaffen. Wenn mehrere Verschwörungserzählungen zu einem geschlossenen Weltbild gebündelt werden, dann wird von einer Verschwörungsideologie gesprochen. Vertreter*innen solcher Ideologien leugnen wissenschaftliche Erkenntnisse und ersetzen diese durch eigene Verschwörungsmythen.

Dabei gibt es drei Grundannahmen, die Verschwörungsmythen auszeichnen und dadurch auch erkannt werden können: Bei den Erklärungen wird erstens davon ausgegangen, dass alles geplant wurde und nichts durch Zufall entsteht. Zweitens wird behauptet, dass alles miteinander zusammenhängt, also auch Personen, Institutionen und/oder Ereignisse, und es für alles einen sinnvollen Plan gibt. Drittens wird angenommen, dass man genau hinschauen muss, damit man erkennt, was wirklich passiert. Es ist daher nichts, wie es den Anschein hat (vgl. Barkun 2003). Im Gegensatz zu logischen und rationalen Herangehensweisen, erst Beweise für Fakten zu suchen, finden Verschwörungsideolog*innen zunächst die vermeintlich »Schuldigen« und versuchen danach die Schuld zu beweisen. Zusätzlich wird dabei alles vernachlässigt, was nicht zu ihren Erklärungen passt. Es wird nur genau das näher in den Blick genommen, was ihre Behauptung stützen kann.

Wir können dies anhand eines Beispiels deutlich machen: »Haben Sie sich schon einmal gefragt, warum Sie noch nie kleine Tauben gesehen haben, obwohl erwachsene Tauben überall zu finden sind? Das liegt wohl eher daran, dass es keine echten Tiere sind, sondern ran. Somit stehen Verschwörungsideologien im Widerspruch zur Demokratie und zum auf Vernunft gegründeten pluralistischen Denken.

So können beispielsweise durch Verschwörungserzählungen Wahlergebnisse infrage gestellt werden, ohne das mit objektiven Kriterien begründen zu müssen, wie etwa in den Vereinigten Staaten von Amerika beim Sturm auf das Kapitol in Washington nach den US-Präsidentschaftswahlen 2021. Dem Ereignis gingen Onlinemeldungen von einem Wahlbetrug voraus, die vom Ex-Präsidenten Donald Trump unterstützt wurden, ohne wirkliche Beweise dafür vorzulegen.

Regelmäßig versuchen Rechtsextreme mit ihren Kampagnen gezielt Verschwörungsgläubige zu erreichen, um ihre Reichweite zu vergrößern und um die Anschlussfähigkeit an Gruppen mit einer Affinität zu Verschwörungsglauben aufrechtzuerhalten. Selbst wenn sich Personen mit einem Hang zum Verschwörungsglauben nicht mit dem politischen rechtsextremen Spektrum identifizieren, zeigen sich bei ihnen faktisch Tendenzen zu rechtsextremen Einstellungen bzw. eines solchen Denkens. So bleibt eine Person, die sich eigentlich politisch als »links« bezeichnet, aber glaubt, dass Corona von fremden Mächten eingesetzt wurde, um die Welt zu kontrollieren, anschlussfähig an die rechtsextreme Szene. Sie hat womöglich auch auf der Einstellungsebene mehr Gemeinsamkeiten mit Rechtsextremen als sie sich eingestehen möchte.

Ändert sich etwa das soziale Umfeld, nähert sich »Querdenken«-Protesten an und werden verstärkt verschwörerische Medien konsumiert, wird die vorherige Ablehnung verschwörerischer Meinungen durch das bisherige Umfeld zurückgedrängt, dann ist es wahrscheinlich, dass einzelne Menschen sich langsam der extremen Rechten zuwenden. Denn dort fühlt man sich akzeptiert und in der eigenen Meinung bestärkt. Je mehr eine Person an Verschwörungsmythen glaubt, umso schwieriger ist es, aus diesem Strudel der Verschwörungserzählungen wieder herauszukommen, weil man sich und das eigene Weltbild komplett verändern müsste, um sich einzugestehen, dass die eigene Ideologie falsch ist. Dieses Muster lässt sich auch auf Personen übertragen, die rechtsextrem eingestellt sind, denn mit diesen Einstellungen ist der Glaube an Verschwörungsmythen verbunden (vgl. Salzborn 2021).

Was tun gegen Verschwörungsmythen?

Überzeugte Verschwörungsideolog*innen von ihren Ideen abzubringen ist sehr schwierig. Das Konfrontieren mit Fakten führt meist nicht zu dem erwünschten Ergebnis und oft wird dadurch das Gegenteil erreicht, sodass diese sich sogar in ihrem Weltbild bestärkt fühlen. Eine verschwörungsideologische Weltanschauung basiert von Beginn an auf Widersprüchen. Durch Fakten wird das vertretene Weltbild erschüttert und erzeugt bei dem*der Verschwörungsgläubigen Unsicherheit. Die Ablehnung der Fakten führt also zu einer Festigung des eigenen Weltbildes. Somit ist eine direkte Konfrontation oft nicht die beste Möglichkeit, Verschwörungsgläubige von ihrer Ideologie abzubringen. Allerdings hängt dies auch davon ab, wie stark Verschwörungsmythen bereits im Weltbild der betreffenden Person verankert sind. Denn je stärker deren Weltbild auf Verschwörungsmythen basiert, desto stärker verunsichert ein Widerspruch durch Fakten deren Identität.

Wichtig ist es, Menschen im eigenen Umfeld zu vermitteln, was Verschwörungserzählungen ausmachen und wie sie zu erkennen sind. Außerdem ist auch Medienkompetenz ein grundlegender Faktor, um Verschwörungsmythen zu erkennen. Denn vor allem diejenigen Menschen, die im Internet und den sozialen Netzwerken nicht zwischen seriösen und unseriösen Nachrichten unterscheiden können, geraten oft in den Strudel verschwörerischer Nachrichtenkanäle. Um solche Online-Nachrichten, aber auch Fake News zu erkennen, ist es hilfreich, diese mit vier Fragen genauer unter die Lupe zu nehmen (vgl. Lutzke et al. 2019):

- Steckt eine politische Motivation hinter der Nachricht?
- Ist die Nachricht so verfasst, wie ich das von einer professionellen Nachrichtenagentur erwarte?
- Erscheint die Information in diesem Beitrag glaubwürdig?
- Kann ich die Nachrichtenagentur wiedererkennen, die die Meldung veröffentlicht hat?

Zwar ist es nervig und anstrengend sich mit Menschen auseinanderzusetzen, die einer verschwörungsideologischen Weltanschauung folgen, eine bloße Ausgrenzung von Verschwörungsideolog*innen verschlimmert die Situation jedoch noch weiter. Denn je stärker diese sich ausgegrenzt fühlen, umso fanatischer und gewaltbereiter werden sie (vgl. Lamberty/Rees 2021). Es ist daher wichtig, einen Dialog auf Augenhöhe aufrechtzuerhalten, aber sich trotzdem von den verschwörungsideologischen Inhalten zu distanzieren und die Verbreitung von Verschwörungserzählungen zu unterbinden. Auf der politischen Ebene, bei Veranstaltungen, Protestdemonstrationen usw., sollte man aber auf gar keinen Fall mit Organisationen, die Verschwörungsmythen verbreiten, wie »Querdenkern« oder die Partei »die Basis« zusammenarbeiten. Denn dies legitimiert deren verschwörerische Positionen in der Gesellschaft und führt dazu, dass sie ungestört ihre Mythen weiterverbreiten können.

Als wirksames Mittel hat sich erwiesen, über den Charakter von Verschwörungserklärungen insgesamt aufzuklären und zu informieren. So können Menschen, bevor sie überhaupt in Kontakt mit Verschwörungsmythen kommen, vor deren Gefahren gewarnt werden. Das Verschwörungsargument, dass einen vermeintlichen Irrtum aufdecken soll, kann so einfacher widerlegt werden. So kann es beispielsweise helfen, Freund*innen und Bekannte über Impfmythen aufzuklären, bevor sie mit Impfgegnern in Kontakt kommen und ihnen nahebringen, welche Probleme durch den Glauben an Impfmythen entstehen.

Da die Wahrnehmung einer eingeschränkten Kontrolle des eigenen Lebens und die Angst vor einer Bedrohung ein zentraler Bestandteil für den Glauben an Verschwörungsmythen ist, wäre eine Stärkung des individuellen Kontrollgefühls wichtig. So kann es durchaus sinnvoll sein, Menschen, die sich gerade in einer misslichen Lebenslage befinden, zu verdeutlichen, dass sie in ihrer Vergangenheit durchaus Kontrolle über ihr Leben hatten. Zudem hilft das Bestärken von analytischem Denken für eigene Entscheidungen, anstelle sich bloß auf die eigene Intuition zu verlassen. Denn Verschwörungserzählungen folgen keiner Logik und können dadurch leicht widerlegt werden. Auch ein transparentes und faires Handeln von Behörden hilft, der Verbreitung von Verschwörungsmythen in der Bevölkerung vorzubeugen. Denn der Frust gegenüber dem Staat liefert den Nährboden für Verschwörungserzählungen (vgl. Compact Education Group 2020).

In diesem Kapitel wurde verdeutlicht, wie Rechtsextremismus mit Verschwörungsideologien zusammenhängt und mit welchen Gefahren die Verbreitung von Verschwörungserzählungen für die Gesellschaft verbunden ist. Verschwörungsmythen sind Erzählungen, die wissenschaftliche Erkenntnisse und Fakten leugnen und Erklärungen für gesellschaftliche Zusammenhänge durch Mythen ersetzen. Ein geschlossenes Weltbild, das auf Verschwörungserzählungen basiert, verdichtet sich zu einer Verschwörungsideologie. Verschwörungsmythen basieren oft auf einer antisemitischen Grundlage. Somit stehen sie direkt in Verbindung mit rechtsextremen Einstellungen. Daher sind Rechtsextreme zugleich auch in der Regel Verschwörungsideolog*innen. Das Weltbild der Rechtsextremen basiert auf der Ideologie der Ungleichwertigkeit, die mit wissenschaftlichen Fakten nichts zu tun hat. Das Beispiel der Coronaleugner*innen und »Querdenker*innen« hat gezeigt, wie Rechtsextremismus und Verschwörungsideologie in politischen Bewegungen miteinander verbunden sind. Aber es gibt durchaus Möglichkeiten, gegen Verschwörungsmythen im Gespräch mit deren Anhänger*innen zu reagieren.

5. Handlungsfelder und Strategien der extremen Rechten

Um möglichst viele Menschen zu erreichen und verschiedene Milieus abzudecken, hat sich die extreme Rechte zum Großteil vom Klischee glatzköpfiger Schlägertrupps verabschiedet. Um einen Überblick über deren Organisationen in Deutschland, ihre neuen Strategien und Handlungsfelder soll es im Folgenden gehen.

Rechtsextreme Strömungen – ein Überblick

Es existieren mehrere Ansätze rechtsextremer Gruppierungen, die sich in ihrer strategischen Ausrichtung und Zielsetzung unterscheiden. Allerdings gibt es auch Überschneidungen zwischen den verschiedenen Milieus.

Der derzeit weltweit präsenteste Ansatz ist der *rechtspopulistische Ansatz*. Er unterscheidet zwischen »die da oben«, also der politischen Elite und »denen da unten«, dem sogenannten »Volk«. Hier werden Problemfelder angesprochen wie ein vermeintlicher »Asyl-Missbrauch«, die mit rechtsextremen Themen wie Rassismus oder Demokratiefeindlichkeit verbunden werden. Das Ziel ist, möglichst viele Menschen zur Wahl zu mobilisieren, um Sitze in den Parlamenten zu erlangen (vgl. Jaschke 2016: 120). Verfolgt wird zugleich das Ziel, den Staat nach autoritären Vorstellungen umzubauen. Da dies (noch) nicht erreicht wurde, dienen die Sitze im Parlament zur Finanzierung der eigenen Organisation und der Möglichkeit, auf die öffentliche Meinung Einfluss zu nehmen.

Der *deutschnationale Ansatz* beruft sich auf die Tradition der Deutschnationalen Volkspartei aus der Weimarer Republik und verknüpft Elemente von rechtem Konservatismus zu Familie, einem starken Staat, und dem Vaterland mit nazistischen Elementen des völkischen Denkens (ebd.: 119).

Die intellektuelle Tradition des Rechtsextremismus findet sich im *konservativ-revolutionärem Ansatz* wieder. Die Anhänger*innen sehen sich in der Tradition der »Konservativen Revolution« (siehe hierzu auch Funke 2021: 91ff.), den antiliberalen, antidemokratischen und antiegalitären rechten Strömungen der Weimarer Republik, und als Gegenentwurf zu den Ideen der Französischen Revolution, also den Ideen der Aufklärung[8] und der Menschenrechte. Sie bilden die

---

[8] Die Ideen der Aufklärung basieren auf Freiheit, Gleichheit, Brüderlichkeit.

»Neue Rechte« und verbinden eine Kritik am Kapitalismus und der Demokratie mit den Ideen des revolutionären Konservativismus. Ihre Kapitalismuskritik ist jedoch verkürzt, da sie keine grundlegende Kritik am System liefert, sondern Minderheiten für die negativen Auswirkungen des Kapitalismus und der Globalisierung verantwortlich machen. Die »Neue Rechte« verfolgt die Strategie eines rechten »Kulturkampfes«, um die liberale Demokratie zugunsten anderer Herrschaftsmodelle zu ersetzen. Vor allem Menschen, die politikverdrossen sind und eine Distanz zur Demokratie aufbauen, fühlen sich verstärkt von diesen Ideen angesprochen (vgl. Jaschke 2016: 119f.). Um anschlussfähiger an die Bevölkerung zu werden, ersetzen sie den alt und martialisch klingenden Begriff der »Rasse« durch »Kultur«. Denn für die »Neue Rechte« ist »Kultur« homogen und nicht veränderbar und ist somit eng mit dem »Volk« verbunden. Aus ihrer Sicht ist eine »Kultur« dem Untergang geweiht, wenn dessen »Volk« den vorgegebenen Pfad verlässt. Fremde »Kulturen« bedeuten somit den totalen Identitätsverlust (vgl. Weiß 2016: 436).

Organisationsstruktur der rechtsextremen Szene

Der Aufbau der extremen Rechten beschränkt sich nicht auf eine klare Hierarchie, sondern umfasst unterschiedliche Netzwerke, Verbände, Parteien, Einzelpersonen und auch Medien. Diese haben zudem verschiedene Zielvorstellungen, handeln unterschiedlich und verfolgen verschiedene Strategien. Im Gegensatz zu den Neuen Sozialen Bewegungen, die möglichst viel Beteiligung an den politischen Prozessen einfordern, beansprucht die extreme Rechte einen absoluten Anspruch auf die eigene Position. Dazu gehört auch, politisch Andersdenkende zu bedrohen und einzuschüchtern.

Zusätzlich zielen rechte Aktionsformen auch darauf ab, den eigenen Anhänger*innen emotionale Identitätsangebote bereitzustellen und wirken somit auch nach »innen«. Die Ausdrucksformen und Stile werden jedoch nicht neu entwickelt, sondern von anderen politischen, gesellschaftlichen und kulturellen Strömungen kopiert. So bediente sich bereits der Nationalsozialismus vieler Gestaltungselemente, die von der sozialistischen Arbeiter*innenbewegung stammen (vgl. Klare/Sturm 2016: 182–184.). Die rechtsextreme Identitäre Bewegung versucht beispielsweise, aktuelle Jugendtrends aufzugreifen, um das klassische Image von glatzköpfigen Neonazis abzulegen und um vor allem an das studentische Milieu anschlussfähig zu bleiben.

Rechtsextremismus und Wahlen

Die Ausrichtung der extremen Rechten auf die Teilnahme bei Wahlen ist umstritten, jedoch gewinnt sie stetig an Bedeutung. Denn mit der AfD hat die extreme Rechte erfolgreich geschafft, was sie sich lange erträumt hat und was die NPD jahrelang versucht hatte: erfolgreich einen Partner in den Parlamenten zu verankern. Sie setzt entweder auf fundamentale Opposition, wie im Bundestag oder den meisten Landtagen, oder auf angepasstes pragmatisches Verhalten vor allem in den Kommunalparlamenten. In letzteren besteht ihr Ansatz darin, vor allem an bürgerliche Parteien oder Wähler*innenvereinigungen anschlussfähig zu bleiben, sofern diese nicht völlig isoliert sind. Sie versuchen dies durch eine Normalisierungsstrategie, die auf Anerkennung und Zugehörigkeit setzt.

In Frankreich hat unter anderem diese Strategie dazu geführt, dass der Rassemblement National (ehemals Front National), zu einer etablierten Partei geworden ist. Auch der Freiheitlichen Partei Österreichs (FPÖ) ist es so gelungen, den Anschluss an die bürgerlichen Parteien zu gewinnen. In Deutschland ist diese Strategie vor allem im Osten Deutschlands erfolgreich. Dort wird eng mit außerparlamentarischen Akteuren wie PEGIDA zusammengearbeitet (vgl. Jaschke 2016: 123).

Es gibt aber auch die Strategie, die unter anderem bei Kameradschaften[9] beliebt ist, selbst eine Partei zu gründen, um ein Verbot der Gruppierung zu erschweren. Denn durch den Parteienstatus genießen diese einen besonderen Schutz. Darunter fallen die Parteien »Dritter Weg« und »die Rechte«, die verglichen mit der AfD ein militantes Auftreten pflegen.

Ein zusätzlicher Anreiz Rechtsextremer, sich als Partei aufzustellen, ist die finanzielle Unterstützung durch den Staat, die auch außerhalb der Präsenz in Parlamenten notwendig ist und unter anderem von den erzielten Stimmen bei Wahlen abhängt. Eine Stimme für eine rechtsextreme Partei finanziert diese somit auch. Schafft es eine rechtsextreme Partei ins Parlament, gibt es zusätzlich noch Gelder für Personal und die materielle Ausstattung von Fraktionen. Zusätzlich bringt der Einzug in den Landtag, den Bundestag oder ins Europaparlament eine gewisse Immunität der Mandatsträger*innen vor strafrechtlicher Verfolgung mit sich. Auf der kommunalen Ebene

---

[9] Rechtsextreme (freie) Kameradschaften sind informell organisierte Gruppen von Neonazis, die autonom agieren, aber auch stark untereinander vernetzt sind. Sie treten oft militant auf und sehen sich als Teil des »nationalen Widerstandes«.

gibt es zudem oft rechtsextreme Tarnlisten, die als kommunale Wähler*innengemeinschaften antreten, wie beispielsweise die »Bürgerinitiative Ausländerstopp« in Nürnberg (vgl. Klose/Richwin 2016: 209ff.). Zudem treten Rechtsextreme auch in bürgerlichen Wähler*innenvereinigungen auf oder versuchen diese zu unterwandern. Sie lassen sich für Listen aufstellen wie »Neue Liste Jahnsdorf«, wo sogar der frühere NPD-Landesvorsitzende in Sachsen kandidierte oder im oberfränkischen Scheßlitz ein Mitglied des »Dritten Wegs« auf der »Freien Liste Scheßlitz« (vgl. Tagesspiegel 2019; Klein 2020).

Parlamentarische Strategien

Ob in den Bundes-, Landes- oder Kommunalparlamenten: Rechtsextreme Positionen erhalten verstärkt Legitimation und Bedeutung, obwohl die AfD zumindest im Bundestag und in den Landtagen bisher nicht an der Regierung beteiligt ist. Das liegt auch daran, dass Regierungsparteien aus Angst, Wähler*innenstimmen an die extreme Rechte zu verlieren, zumeist rechtspopulistische Positionen übernehmen. Diese Angst wiederum nutzt die AfD, um ihre rechtsextreme Politik weiter in der Gesellschaft zu verankern.

Hinzu kommt, dass rechtsextreme Parteien, und hier insbesondere die AfD in Deutschland Parlamente als Bühnen nutzen, um die Grenzen des Sagbaren immer weiter nach rechts zu verschieben und menschenfeindliche Aussagen salonfähig zu machen. So spricht Alice Weidel beispielsweise von »Messer-Männern« und »Kopftuch-Mädchen«, um migrierte Menschen zu diskreditieren. Der Grenzüberschreitung folgt eine inszenierte Distanzierung mit der Begründung, die vermeintlich bedrohte Meinungsfreiheit erhalten zu wollen. Daher ist es nicht nur wichtig, auf gesellschaftlicher Ebene dieser menschenverachtenden Rhetorik zu widersprechen, sondern auch in den Parlamenten. Hinzu kommt eine Sabotage der parlamentarischen Arbeit anderer Fraktionen mithilfe der festgelegten Abstimmungsregeln. Dieses Auftreten wirkt wie eine Inszenierung, was hauptsächlich dazu dient, die Anhänger*innen über die sozialen Medien aufzustacheln.

Insgesamt ist das Klima in den Parlamenten rauer geworden. So auch in den Kommunalparlamenten. Hafeneger et al. (2018) klassifizieren drei verschiedene Arten der Arbeitsweise:

- Ein *aggressives Auftreten*, das mit unmittelbarem und direktem Auftreten von rassistischen, nationalistischen und völkischen Provokationen und Skandalisierungen einhergeht, um sich möglichst stark von den demokratischen Parteien abzugrenzen.

- Ein *subtiles Auftreten*, das weniger aggressiv und vielmehr verdeckt und subtil daherkommt. Mit weniger eindeutigen und moderaterem Auftreten erfolgt eine Inszenierung als der einzigen Partei, die kritische Fragen stellt, und die für die angeblich »wahren« Interessen in Abgrenzung zu den etablierten Parteien eintritt.
- Ein *kümmerndes Auftreten*, wobei sachbezogene und moderate Alltags- und Sachthemen aufgegriffen werden, die auch die demokratischen Parteien bedienen können. Es erfolgt hier eine Inszenierung als »Partei der kleinen Leute« und »Kümmerer«.

Auch die Arbeitsweise kann in drei Stufen eingeteilt werden (ebd.):

- *Fleißig*, wobei die Fraktionen viele Fragen und Anträge stellen und damit die Verwaltung beschäftigen.
- *Faul*, wobei die Mitglieder der Fraktionen, wenn überhaupt anwesend, keine Debattenbeiträge beisteuern, nicht mitdiskutieren und nicht am parlamentarischen Leben teilnehmen.
- *Überfordert*, was durch Abspaltungen und Austritte gekennzeichnet ist. Dabei kommt es teilweise zur Auflösung der Fraktionen.

Hier ist die Tendenz zu beobachten, dass es einen Unterschied des Auftretens der AfD zwischen Stadt und Land gibt; in größeren Städten und besonders deren Zentren sind die AfD-Fraktionen provozierender als in kleineren. Auf dem Land geben sich die Mandatsträger*innen hingegen eher anbiedernder, braver und zurückhaltender (vgl. Hafeneger et al. 2018; Amadeu Antonio Stiftung 2019).

Finanzierung der extremen Rechten

Rechtsextreme versuchen mit Vereinen auf der einen Seite ihr Handeln zu verschleiern und auf der anderen Seite ihre Strukturen zu nutzen und eigene Tätigkeiten zu unterstützen. Sie dienen der rechtsextremen Szene als Organisationsmodell mit juristischem Hintergrund und den Möglichkeiten der Beteiligung und Abschottung. Allerdings werden die Beteiligungsmöglichkeiten vor allem genutzt, um eine Hierarchie zu etablieren. So lag beispielsweise der Zweck des 1998 verbotenen rechtsextremen Heide-Heim e.V. in der Unterstützung der zuvor verbotenen Vereinigung Wiking Jugend, der Nationalen Liste und der Nationalistischen Front (vgl. Klose/Richwin 2016: 2012f.). Auch rechtsextreme Konzerte, die der Szene als Einnahmequelle und als Vernetzungsort dienen, können so leichter stattfinden.

Jedoch gründen Rechtsextreme nicht nur eigene Vereine, sondern versuchen auch gezielt etablierte Vereine, wie Sportvereine, Bürger*innenvereine, Feuerwehr etc. zu unterwandern, um eine

Normalisierung ihrer Präsenz und die Verbreitung ihrer Weltanschauung zu erreichen. Dies ist vor allem in ländlichen Regionen der Fall, wo Rechtsextreme präsenter sind bzw. es auch Nachwuchsprobleme innerhalb der Vereinsstrukturen gibt. Sie geben sich dort gerne als nett und seriös auftretende Väter oder Mütter von nebenan (vgl. Ohse 2009).

Nicht nur staatliche Zuschüsse und Spenden finanzieren die rechtsextreme Szene in Deutschland. Auch eine rechtsextreme Infrastruktur, getragen von Unternehmen und Immobilien, trägt dazu bei. Vor allem durch das Anbieten von rechtsextremer Musik und anderer Szeneprodukte gelangen jährlich mehrere Millionen Euro in die Taschen Rechtsextremer. Zusätzlich führt die rechtsextreme Infrastruktur dazu, dass Gesinnungskamerad*innen in diesen Betrieben angestellt werden. Die Etablierung rechtsextremer Infrastruktur soll auch dazu führen, die Szene jeweils vor Ort besser zu verankern (vgl. Klose/Richwin 2016: 217).

Rechtsextreme Medien

Das im Jahr 2000 unter anderem von Götz Kubitschek gegründete »Institut für Staatspolitik« ist ein zentraler Thinktank für die extreme Rechte und versucht, Rechtsaußendiskurse in die Gesellschaft hineinzutragen (vgl. Der rechte Rand 2020). Es bietet zugleich eine Vernetzungsplattform für Rechtsextreme. Götz Kubitschek ist auch der Herausgeber der rechtsextremen Zeitschrift »Sezession«, die inhaltlich ein Vorbürgerkriegs-Szenario heraufbeschwört und von einem Nationalstaat mit einem homogenen Staatsvolk träumt. Daneben werden vor allem neurechte Formate genutzt, wie die Wochenzeitung »Junge Freiheit«, die Monatszeitung »eigentümlich frei« und das Internetportal »Blaue Narzisse«. Stärker verschwörungsideologisch ausgeprägt sind die Internet Portale »Kopp« und »Politically incorrect« oder die Monatszeitschrift »Compact«, wobei dies nur die bekanntesten Formate sind. Auch verfügt die extreme Rechte über mehrere Verlage, die bekanntesten sind »Lesen & Schenken«, »Hohenrein«, »Verlagsgemeinschaft Berg«, »Antaios« und der verschwörungsorientierte »Kopp-Verlag«.[10]

Neben diesen Optionen wird vor allem über das Internet und insbesondere auf Social-Media-Kanälen rechtsextreme Propaganda

---

[10] Die Bundeszentrale für politische Bildung gibt einen genaueren Überblick unter www.bpb.de/themen/rechtsextremismus/dossier-rechtsextremismus/239188/was-liest-der-rechte-rand/.

verbreitet. Ohne Angst vor Strafverfolgung können dort Falschinformationen und Verschwörungsmythen geteilt und politisch Andersdenkende über Kommentarspalten bedroht werden. Zum Teil verabreden sich dort auch Rechtsextreme, um gezielt Andersdenkende im Netz zu bedrohen und einzuschüchtern. Social-Media-Kommentare und -Beiträge können zwar den Plattform-Betreibern gemeldet werden, wenn überhaupt erfolgt im besten Fall eine Löschung von Beiträgen. Eine Strafverfolgung durch Polizei und Staatsanwaltschaft bei Bedrohungen im Netz führt selten zur Identifikation der Täter oder gar deren Verurteilung. So können sich rechtsextreme Hetze und Propaganda relativ ungestört im Netz verbreiten.

Hinzu kommen diverse Blogs, die verschwörerischen Inhalte weiterverbreiten. Auch bei strafrechtlich relevanten Inhalten gelingt es kaum, diese Blogs aus dem Internet zu verbannen, da die Seiten meist im Ausland gehostet werden und sich somit der Strafverfolgung in Deutschland entziehen können. Zusätzlich gibt es auch rechtsextreme Youtuber*innen oder Influencer*innen, die Werbung für die rechtsextreme Szene machen. So verbreitet etwa der aus Österreich stammenden Vertreter der »Identitären Bewegung« Martin Sellner neben seiner alltäglichen Hetze auch rechtsextreme Propaganda in Kochshows auf YouTube. Auf Instagram wird das rechtsextreme Narrativ einer heilen rechten Welt mit Bildern unterschwellig genährt, um Besucher*innen dort für weitere Angebote der extremen Rechten anzulocken (vgl. Schäfers 2019).

Burschenschaften als »Kaderschmiede«

Burschenschaften wurden im frühen 19. Jahrhundert auf der Grundlage von völkischem Nationalismus und Liberalismus gegründet. Anfang des 20. Jahrhunderts etablierten sie den Dachverband Deutsche Burschenschaft. Der Liberalismus geriet zunehmend in den Hintergrund, da die Erlangung nationaler Einigkeit priorisiert wurde. Hinzu kam ein zunehmender Antisemitismus innerhalb vieler Burschenschaften, sodass relativ früh in der Weimarer Republik Kooperationen vieler Burschenschaften mit der NSDAP entstanden. In den 1930er-Jahren wurden fast alle Burschenschaften zu NS-Kameradschaften. Nach 1945 wurden diese von den Alliierten verboten, jedoch versuchten viele »Alte Herren«[11] dieses Verbot zu unterlaufen

[11] Da die Mitgliedschaft in einer Burschenschaft für das gesamte Leben gilt, werden die Mitglieder nach dem Studium zu »Alten Herren«, die mit ihren Beiträgen die Burschenschaften und ihre Häuser finanzieren.

und gründeten Klubs und Vereine mit Tarnbezeichnungen. Nach der Gründung der Bundesrepublik wandelten sich diese Tarnvereine wieder in Burschenschaften um und schlossen sich zum Dachverband Deutsche Burschenschaft zusammen.

Burschenschaften sind Studentenverbindungen, die überwiegend nur Männer in ihren eigenen Reihen dulden, also reine Männerbünde. Neben den Burschenschaften gibt es konfessionsgebundene Studentenverbindungen und deutschnationale Korporationen. Die Burschenschaften, die unter dem Dachverband Deutsche Burschenschaft versammelt sind, verbindet ein völkischer Nationalismus, und sie sehen das deutsche Volk als Abstammungsgemeinschaft.

Weitere Grundlagen ihres ideologischen Denkens sind Antiliberalismus, Autoritarismus und Antifeminismus. Viele Häuser, in denen Burschenschaftler wohnen, dienen zugleich als Veranstaltungsräume. So können sie dort, geschützt vor der Öffentlichkeit, ihr rechtsextremes Gedankengut weiterverbreiten und Aktionen planen.

Auch gab es Verbindungen zwischen Burschenschaften und dem »Nationalsozialistischen Untergrund« (NSU). So wohnte beispielsweise ein Führungsmitglied des NSU in der Burschenschaft »Thessalia zu Prag« in Bayreuth (siehe hierzu Kurth/Weidinger 2017; Demling 2014).

In Österreich sind Burschenschaften mit der rechtsextremen FPÖ stark personell und inhaltlich verflochten. Sie stellen die »Kaderschmiede« der Partei dar. Auch in Deutschland gibt es Verbindungen zwischen Burschenschaften und der AfD oder der NPD. Allerdings sind Burschenschaftler auch in FDP, CDU und CSU aktiv. Die Verankerung von Burschenschaften in Parteien ist jedoch weniger erfolgreich als in Österreich (vgl. Kurth/Weidinger 2017).

Transnationaler Rechtsextremismus

Obwohl ein Ziel hiesiger Rechtsextremer darin besteht, ein ethnisch homogenes Deutschland herzustellen, gibt es Vernetzungen über die Ländergrenzen hinweg. Teile der Rechtsextremist*innen streben insgesamt die Vorherrschaft der »Weißen« bzw. der »Arier« – auch das Ausdruck ihres Antisemitismus – aus dem abendländischen Kulturkreis in der Welt an, dem alle anderen Kulturen untergeordnet werden sollen. Verteidigt werden soll daher nicht vorrangig die Nation, sondern die »Rasse«, die vor einer vermeintlichen Überfremdung geschützt werden muss. Damit wird auch Gewalt gerechtfertigt.

In Anlehnung an antisemitische Stereotype wird das »internationale (jüdische) Großkapital« und somit der »Globalismus«[12] als Feind betrachtet, der zur Zerstörung der »ethnisch homogen Kulturen« führe, die unter anderem durch Migrationsströme ausgelöst werden. Diese Bewegung ist nicht mehr slawophob, wie die NS-Ideologie dies einst proklamierte, sondern betrachtet auch Osteuropa und Russland als Teil der »weißen Welt«. Die Globalisierung wird zu einem geplanten Prozess zur Zerstörung von traditionellen Werten, Kulturen und Traditionen umgedeutet. Allerdings wird der Kampf gegen die Globalisierung nicht als Kampf gegen die ökonomische Globalisierung interpretiert, sondern als kulturelle Globalisierung oder auch Amerikanisierung betrachtet.

Die transnationale Zusammenarbeit zwischen Rechtsextremist*innen findet sowohl unverbindlich, individuell und informell statt, als auch in institutionalisierten Strukturen und Aktivitäten zwischen Organisationen oder in selbstständigen internationalen Organisationen (vgl. Grumke 2006). Die AfD, aber auch die NPD arbeiten mit anderen rechtsextremen Parteien zusammen. So ist die Fraktion »Identität und Demokratie« im Europäischen Parlament ein Sammelbecken für die extreme Rechte in Europa. In ihr sind unter anderen die AfD aus Deutschland, die Lega aus Italien, die Freiheitliche Partei Österreich und der Rassemblement National (ehemalig Front National) aus Frankreich zusammengeschlossen. Im Krieg zwischen der Ukraine und Russland unterhalten deutsche Rechtsextreme Kontakte zu paramilitärischen Gruppen auf beiden Seiten, zu der ukrainische Azow-Bewegung und dem Russian Imperial Movement (vgl. Ritzmann/Schindler 2021). Damit wird zugleich deutlich, wie heterogen die extreme Rechte in ihrer Ideologie ist und wie sie sich teilweise gegenseitig bekämpft. So stößt die Transnationalität des Rechtsextremismus an vielen Stellen auf Grenzen.

Rechtsextremismus in der Einwanderungsgesellschaft

Rechtsextreme gibt es nicht nur in der Mehrheitsgesellschaft in Deutschland, auch Menschen mit Migrationshintergrund beteiligen sich in rechtsextremen Organisationen. Allerdings ist dies vergleichsweise wenig erforscht, obwohl es viele rechte migrantische Gruppierungen in Deutschland gibt und entsprechende Einstellungsmuster

---

[12] Zu unterscheiden ist hier zwischen »Globalismus« und Globalisierung. So wird aus rechtsextremen Kreisen Globalisierung als Prozess gesehen, den die »Globalist*innen« zur Durchsetzung ihrer Ziele benutzen.

unter Menschen mit Migrationshintergrund verbreitet sind. Da diese in Deutschland in der Minderheit sind und meist selbst von deutschen Rechtsextremist*innen bedroht werden, ist der Begriff »ethnischer Nationalismus« besser geeignet, um einen genaueren Blick darauf zu werfen. Denn dieser ethnische Nationalismus kann sich sowohl auf einen realen Staat als auch auf eine vorgestellte Gemeinschaft beziehen. Es ist somit nicht notwendig, in einer Gemeinschaft oder einem Staat zu leben, zu denen sich Menschen zugehörig fühlen (vgl. Ortner 2017).

Die größte ethnisch nationalistische Organisation und rechtsextreme Bewegung in Deutschland sind die »Grauen Wölfe«. Ihr Ziel ist ein großtürkisches Reich und die Eliminierung politischer Gegner*innen. Ihr Symbol ist der »Graue Wolf«. Sie organisieren sich in Hunderten lokalen Vereinen und in verschiedenen Dachverbänden, wie die Islamisch Türkische Organisation Europas (ATIB) und die Türkische Föderation ADÜTDF. Die »Grauen Wölfe« stehen den rechtsextremen türkischen Parteien BBP und MHP nahe. Die MHP ist die größte rechtsextreme Partei in der Türkei und der derzeitige Koalitionspartner der AKP. Ihre Jugendorganisation »Ülkücü Gençlik« (Idealistische Jugend) gibt es auch in Deutschland.

Über die lokalen Vereine und Dachverbände wird seit Jahren ohne große Intervention der Bundesregierung deren ethnisch nationalistische Ideologie verbreitet. Die Organisationen verfügen fast alle über eigene Moscheen in Deutschland und schicken darüber finanzielle und personelle Ressourcen zurück in die Türkei, mit denen sie ihre Organisationen dort stärken (vgl. Bozay 2017). Offiziell ist diese Bewegung in deutsch-türkischen Kulturvereinen organisiert. Sie sind Treffpunkte, um gemeinsam zu beten, Kultur- oder Sportveranstaltungen zu veranstalten oder Hilfsangebote für die Gemeinschaft bereitzustellen. Es wird auch Bildungsarbeit angeboten, die antidemokratische Einstellungen vermittelt (vgl. Vaillant 2021).

Die größte Gruppe an Einwandernden in Deutschland stellen inzwischen die »Russlanddeutschen«, die seit 1950 als Spätaussiedler*innen aus der Sowjetunion und Russland eingewandert sind. Rechtsextreme Gruppierungen wie die AfD und die NPD versuchen seit den 2000er-Jahren diese Gruppen anzusprechen und zu rekrutieren. Aus der Perspektive der NPD sind die »Russlanddeutschen« ein Teil der »deutschen Volksgemeinschaft«, da sie als »Volksdeutsche« angesehen werden. Allerdings ist diese Sichtweise innerhalb der extremen Rechten umstritten. Rechtsextreme »Russlanddeutsche«, die sich bereits zuvor in anderen Gruppen organisiert hatten, gründeten 2013 die rechtsextreme Partei »Arminius – Bund der Deutschen«, die jedoch bei Wahlen keine Rolle spielt. Sie tritt vereinzelt mit Aktionen und Demonstrationen in die Öffentlichkeit und versucht ihren Einfluss in nicht-rechtsextremen Organisationen von »Russlanddeutschen« auszubauen (Clemens 2017).

Das »russlanddeutsche« Milieu in Deutschland zeichnet sich durch Sympathien für rechtskonservative Parteien aus, da ihre Vorstellung vom »Deutschsein« vor allem auf der Zugehörigkeit zur »deutschen« Ethnie beruht. Insbesondere in der älteren Generation ist diese Ansicht stark verbreitet. Mit Antiflüchtlingsthemen konnte die AfD daher in den letzten Jahren Wähler*innenstimmen aus dem Milieu von »Russlanddeutschen« gewinnen. Die Medien, die sich an die russischsprachige Minderheit in Deutschland richten, sind geprägt von fremdenfeindlichen Motiven (vgl. Klimeniouk 2018).

Die »Grauen Wölfe« und die rechtsextreme Organisation von »Russlanddeutschen« sind nur ein Teil der rechtsextremen bzw. ethnisch nationalistischen Gruppierungen und Organisationen in der deutschen Einwanderungsgesellschaft. Es gibt noch viele andere ethnisch nationalistische bzw. rechtsextreme Gruppen und Bewegungen. Migrant*innen reagieren häufig bei Schwierigkeiten im Zielland mit einer stärkeren und oft idealisierten Identifikation mit dem Herkunftsland. Hinzu kommt eine Orientierung auf Strukturen, die ein scheinbar sicheres soziales Netzwerk bieten. Diese Bedürfnisse versuchen ethnisch nationalistische Gruppierungen mit ihrer Berufung auf »Traditionalismus« zu stillen. Auch fehlende soziale und kulturelle Angebote für Migrant*innen sorgen dafür, dass diese sich ethnisch nationalistischen Gruppierungen zuwenden (vgl. Arslan 2017).

»Reichsbürger« und völkische Siedlungsbewegungen

Vor allem staatliche Einrichtungen stehen im Fokus der »Reichsbürger«. Sie belästigen oder bedrohen kommunale Verwaltungsangestellte, Richter*innen, Staatsanwält*innen und sogar Polizist*innen. So wurde 2016 in Bayern ein Polizist von einem Reichsbürger erschossen. Wie in Kapitel 4 bereits angesprochen, lehnen sie aus unterschiedlichen Gründen die Existenz der Bundesrepublik Deutschland ab und missachten daher auch deren Rechtsordnung, halten sich nicht an Gesetze. In dieser Szene ist zudem die Verschwörungserzählung verbreitet, dass die Bundesrepublik eigentlich eine »BRD GmbH« ist, die zur »Ausplünderung des Volkes« dient und als »illegitim« erachtet wird. Sie gehen davon aus, dass ihre vermeintliche

»Staatsangehörigkeit« zum »Deutschen Reich« durch ihre ethnische Abstammung gegeben sei.

Das Milieu ist relativ heterogen, tendenziell sehr verschwörungsgläubig und es besteht ein Anschluss zur rechtsextremen Szene und der »Querdenkenbewegung«. Orientiert wird sich an der Ideologie des völkischen Nationalismus. Viele »Reichsbürger« stellen sich eigene Fantasieausweise aus oder besitzen sogar legal Waffen. Der größte Zusammenschluss von ihnen nennt sich »Die Exil-Regierung Deutsches Reich«. Sie hat sich 2012 von der »Exilregierung Deutsches Reich« abgespalten. Ihr Ziel ist es, die Demokratie durch ein traditionalistisches Gesellschafts- und Staatsmodell abzulösen, sieht sich als »legitime Regierung der Deutschen« in der Reorganisation des Deutschen Reiches in den Grenzen von 1871 als Deutsches Kaiserreich (vgl. Hüllen/Homburg 2017). Sie versucht, unstrukturierte und regionale Milieus von »Reichsbürgern« ihrer Organisationsstruktur anzugliedern. Mit regelmäßigen »Informationsveranstaltungen« an diversen Orten sollen Anhänger*innen gewonnen werden. Neben dieser Gruppierung existieren noch diverse andere, teilweise in Konkurrenz mit ihr, teilweise durch die Gründung von Fantasie-Regierungen mit Fantasie-Ministern und -königen.

So skurril das erscheinen mag, ist es doch Realität und der Übergang von der Reichsbürger-Szene zu einer (esoterischen) Sekte fließend. Anfang 2022 erwarb ein Reichsbürger in Sachsen ein Schloss für sein »Königreich Deutschland«, in dem sich Verschwörungsgläubige angesiedelt haben. Er nennt sich selbst »Oberster Souverän«. In dem Fantasiereich gibt es eine eigene Gesundheitskasse, eine Rentenkasse und sogar eine »Königliche Reichsbank« mit einer Alternativwährung und eigenem Onlinemarktplatz. Die Anhänger*innen geben reichlich Geld und manchmal sogar ihre gesamten Ersparnisse ab, um bei dem »Projekt« dabei zu sein. Die Verfügung über alle Mittel liegt in den Händen des sogenannten »Obersten Souveräns«, was ihm freie Hand gibt. Mit diesem Geld sollen weitere Immobilien angeschafft werden (vgl. Baeck/Speit 2022).

In den letzten Jahren hat sich in Deutschland auch eine völkische Siedlungsbewegung entwickelt. Sie versucht vor allem auf dem Land in kleinen Gemeinden Fuß zu fassen und in der Dorfgemeinschaft (unbemerkt) rechtsextreme Alltagskultur zu etablieren. Diese Rückzugsorte ermöglichen den Siedler*innen, ihre Kinder im Sinne ihrer Ideologie zu erziehen. Sie arbeiten meist in traditionellen Berufen, wie (Bio-)Landwirtschaft, als Hebammen oder im Kunsthandwerk und beziehen sich stark auf den Naturschutz.

Die Siedler*innen wirken zunächst meist harmlos, pflegen aber eine rassistische Blut- und Bodenideologie. Sie beurteilen Menschen anhand ihrer Abstammung und kategorisieren sie in »wertvolle« und »weniger wertvolle« Gruppen. Auch Menschen mit geistigem oder körperlichem Handicap werden als »lebensunwert« klassifiziert. Der Naturschutz dient für sie nur dazu, die deutsche »Volksgemeinschaft« und ihren »Lebensraum« zu bewahren. Sie kleiden sich »traditionell«, Frauen tragen lange Röcke, Männer Zimmermannshosen, was in ländlichen Regionen nicht weiter auffällt. Diese Siedler*innen werden bei Mittelalterfestivals, Kunsthandwerkmärkten oder Volksfesten von anderen eher als harmlos traditionsbewusst angesehen und toleriert.

Allerdings verhalten sie sich im Umgang mit ihrem sozialen Umfeld, mit anderen Meinungen, Sichtweisen und Positionen sektenähnlich. Ihre Strategie besteht darin, sich einerseits von der Gesellschaft abzuschirmen und andererseits eigene Netzwerke und Nischen zu bilden. Dies erweist sich als attraktiv für extreme Rechte. So gibt es Verbünde von Siedler*innen beispielsweise zu Neonazi-Kameradschaften oder der NPD. Zugleich versuchen sie, das öffentliche Leben zu beeinflussen, indem sie die Feuerwehr, den Sportverein oder den Kindergarten unterwandern. Ihre Ideologie vertreten sie auch militant. So werden Überlebenstrainings und Wehrsportübungen abgehalten auch mit Kindern und Jugendlichen, um die »Volksgemeinschaft« zu verteidigen. Sie haben einen langfristigen Einfluss auf die Alltagskultur und finden sich in ganz Deutschland – von Bayern über Sachsen bis nach Schleswig-Holstein (vgl. Radke 2015; Schmidt 2014).

Die »Einzeltäter«-These

Wenn ein rechtsextremer Anschlag von einer einzelnen Person durchgeführt wird, dann wird oft von »Einzeltätern« gesprochen, wie bei dem rechtsterroristischen Anschlag 2019 auf zwei Moscheen in Neuseeland. Dabei wird allerdings ignoriert, dass diese Täter in einem rechtsextremen Umfeld sozialisiert oder gar bei der Tat unterstützt wurden. Zudem ist die Einordnung von Anschlägen als rechtsterroristisch oft umstritten, da entweder keine oder nur vage politische Bekenntnisse zur Tat vorliegen. Außerdem neigen Teile der Öffentlichkeit und Strafverfolgungsbehörden in Deutschland dazu, Taten von Rassist*innen und Rechtsextremen auf psychische Probleme zurückzuführen und so zu entpolitisieren. Damit wird die ideologische Prägung der Tat und die Auswahl der Opfer ignoriert.

Psychologische und ideologische Hintergründe von Taten stehen oft nicht im Widerspruch zueinander, sondern verdeutlichen verschiedene Ebenen des gleichen Problems.

Es kann sicherlich unterschieden werden, ob es sich um einen »führerlosen Widerstand« aus zwei oder mehreren Personen bzw. um einen »einsamen Wolf« handelt. Beide agieren ohne Einbettung in eine hierarchische Organisation. Bei der genauen Betrachtung der Biografien von Tätern zeigt sich oft, dass die Akteure auch massive psychische Probleme haben. Wenn diese früher vor allem die Einbindung in eine konspirative Gruppe suchten, radikalisieren sich heute viele, insbesondere die »einsamen Wölfe«, über eine kommunikative Vernetzung im Internet. Das bedeutet nicht, dass das Internet die Schuld an der Radikalisierung trägt, sondern vielmehr, dass es eine Kommunikation und rechtsextreme Radikalisierung ohne persönlichen Kontakt ermöglicht. Täter können so entweder direkt im Austausch mit gleichgesinnten Rechtsextremen stehen, oder nur aufgrund entsprechender rechtsextremer Propaganda die Tat planen (vgl. Pfahl-Traughber 2020; Puls o.J.).

In diesem Kapitel wurde erläutert, aus welchen unterschiedlichsten Gruppierungen sich das rechtsextreme Milieu zusammensetzt: aus verschiedenen Parteien, Strömungen und Bewegungen wie der Reichsbürgerszene, völkischen Siedlungsbewegungen, Burschenschaften, Kameradschaften, aber auch aus losen Netzwerken, die sich über das Internet organisieren. Mitunter sind sie nicht nur innerhalb von Deutschland vernetzt, sondern auch international. Die »Sozialen Medien« werden als Propaganda- und Vernetzungsplattform genutzt und dienen zusätzlich dazu, politisch Andersdenkende zu diskreditieren, einzuschüchtern und bedrohen. Die Strömungen sind oft untereinander zerstritten, was nicht nur auf inhaltliche, sondern auch auf persönliche Differenzen zurückzuführen ist. Das rechtsextreme Milieu finanziert sich nicht nur durch Spenden aus den eigenen Reihen, sondern hat inzwischen auch Zugriff auf staatliche Zuschüsse für Parteien. Es finanziert sich auch über den Verkauf von rechtsextremer Propaganda und selbst durch eigene Immobilien und Unternehmen. Der Rechtsextremismus breitet sich über verschiedenste Milieus aus und stellt eine Gefahr für die Gesellschaft dar.

6. Mitbestimmung und Rechtsextremismus

Direkte Mitbestimmung in Wirtschaft und Gesellschaft sowie in den Organisationen der Beschäftigten wie den Gewerkschaften kann der Herausbildung von rechtsextremen Einstellungen entgegenwirken. So zeigt eine Studie von Fichter et al. (2004), dass zwar Gewerkschaftsmitglieder systemkritischer sind als Nicht-Mitglieder. Aber ohne direkte demokratische Einbindung in Mitbestimmungsstrukturen kann dies auch zu einem Problem werden. Denn das Erleben des Abbaus der sozialen Schutzmechanismen in Kombination mit einer systemkritischen Einstellung kann sich auch in einer Hinwendung zu einer nationalistischen und fremdenfeindlichen Politik äußern. Denn dadurch kann aus ihrer Perspektive wieder eine ausreichende soziale Sicherheit wiederhergestellt werden.

Andere Untersuchungen zeigen, dass Menschen, die annehmen, dass ihre Handlung fremdbestimmt sei und sie kaum oder keinen Einfluss auf die gesellschaftliche Gestaltung haben, oft bei Kontrollverlust autoritär oder gewalttätig reagieren (vgl. Heitmeyer 2018). Die Erfahrung, durch eigene Tätigkeit und Mitbestimmung etwas verändern zu können, und das Verstehen der demokratischen Prozesse sowie das Bewusstsein der eigenen Handlungsfähigkeit, führen dazu, dass die Schuld weniger bei anderen gesucht wird, da dadurch das eigene Gefühl der Einflusslosigkeit überwunden werden kann.

Das bedeutet allerdings nicht, dass Mitbestimmung das Allheilmittel gegen Rechtsextremismus ist. Denn ideologisch überzeugte Rechtsextreme, die zum Ziel haben, die demokratischen Institutionen zu zerstören, werden trotzdem versuchen – auch über die Institutionen, die dank erweiterter Mitbestimmung Einflussmöglichkeiten eröffnen – ihre Ziele zu erreichen und die demokratischen Institutionen auszuhöhlen. Das verdeutlicht die AfD in den Parlamenten, in denen sie die finanziellen Ressourcen und die Aufmerksamkeit nutzt, um gegen die Demokratie vorzugehen.

Auch in betrieblichen Mitbestimmungsstrukturen versuchen inzwischen Rechtsextreme Fuß zu fassen, wie das Beispiel des »Zentrums Automobil« im Daimler-Werk in Untertürkheim in Baden-Württemberg zeigt. Der Erfolg auf der betrieblichen Ebene ist aber bislang glücklicherweise nur mäßig ausgeprägt. Auch die AfD hat versucht, mit verschiedenen Gruppierungen, wie dem »Alternativen Arbeitnehmerverband Mitteldeutschland« (ALARM!) oder der »Alternativen Vereinigung der Arbeitnehmer« (AVA) in den Betrieben Beschäftigte zu erreichen. Dies ist ihr aber bisher nicht gelungen.

Größere Bedeutung kommt bereits etablierten Beschäftigtenorganisationen zu, wie die »Deutsche Polizeigewerkschaft« (DPolG) – nicht zu verwechseln mit der »Gewerkschaft der Polizei« (GdP), die Mitglied im Deutschen Gewerkschaftsbund (DGB) ist – oder der »Gewerkschaft Deutscher Lokomotivführer« (GDL), die beide Mitglieder des »Deutschen Beamtenbunds« sind. Diese Organisationen sind tendenziell offen für rechte Mitglieder und Positionen. Das ist insofern problematisch, da die Akzeptanz rechter Positionen dazu führt, dass rechtes Gedankengut in der Gesellschaft als durchaus »normal« angesehen wird.

Mitbestimmung und Wirtschaft

Die Entwicklung der Demokratie wird eingeschränkt durch die Ausrichtung politischer Entscheidungsträger*innen auf Wirtschaftsinteressen, was einhergeht mit einem verengten Verständnis öffentlicher Interessen. Nach Wilhelm Heitmeyer (2018) ergeben sich daraus in Bezug auf Politik und Wirtschaft fünf Problemlinien für die Demokratieentwicklung:

Das erste Problem liegt darin, dass bei ökonomischen Eliten eine Neigung deutlich wird, die komplizierten und teilweise langwierigen demokratischen Entscheidungsprozesse abkürzen zu wollen. Diese vermeintliche »Effizienz«, die in hierarchisch gegliederten Unternehmen zu finden ist und teilweise autoritäre Strukturen aufweist, werden als vorbildlich erachtet. Dies kann als *Demokratieermäßigung* bezeichnet werden.

Demokratieaushöhlung als weiteres Problem bezieht sich auf die Eingrenzung von Bürger*innenrechten, die durch Sicherheitsversprechen und tatsächliche Überwachungsstrategien begründet wird. So werden weitreichende Überwachungspraktiken in der Öffentlichkeit nicht mehr als Gefährdung für die Freiheit kritisch hinterfragt, sondern positiv als sicherheitsspendend wahrgenommen.

Die Entwicklung der Demokratieaushöhlung gilt als umso erfolgreicher, je stärker eine *Demokratievernachlässigung* in der Gesellschaft ausgeprägt ist. Dies zeigt sich dadurch, dass der Gefährdung von Grundrechten weniger Aufmerksamkeit geschenkt wird. Der Grund dafür liegt darin, dass zivilgesellschaftliches Engagement als einflusslos und ermüdend erachtet wird.

Je stärker der Prozess der Demokratievernachlässigung vorangeschritten ist, desto günstiger sind die Bedingungen für die Entwicklung einer *Demokratieverachtung* bei politischen Eliten. Dies wird in der Ablehnung offener politischer Konkurrenz als zentrales Merkmal der repräsentativen Demokratie deutlich.

Dies führt schließlich zu *Demokratiezweifel* innerhalb der Bevölkerung. Sie tritt zum einen als Politikverdrossenheit in Erscheinung und zum anderen in der Frage des »Outputs« und somit der »Leistungsfähigkeit« der Demokratie zur Lösung von Problemen.

Im Zuge dessen ergeben sich neue Verhältnisse zwischen der Wohlfahrts- und Kontrollpolitik. Wirtschaftlich spielen die Standortvorteile und die Standortsicherung eine wichtige Rolle, um für Unternehmen attraktiv zu bleiben und vermeintlich Arbeitsplätze zu sichern. Diese (Standort-)Konkurrenz mit einer Lockerung von Kündigungsfristen, einem Niedriglohnsektor etc. gibt es nicht nur zwischen Staaten, sondern auch zwischen Regionen und Kommunen, die mit Steuererleichterungen versuchen, Unternehmen anzulocken. Die fehlenden Einnahmen wiederum schlagen sich im Haushalt nieder, wo infolgedessen weniger Ausgaben für den sozialen und kulturellen Bereich getätigt werden. Insgesamt steigert dies auf der staatlichen, regionalen und kommunalen Ebene die sozialen Risiken für die Sicherung des Lebensstandards.

Dies mündet in steigenden sozialen Problemen, die wiederum mit einer verstärkten Sicherheitspolitik gelöst werden sollen, ohne die eigentlichen Probleme wie etwa steigende Armut in den Blick zu nehmen. Das bedeutet, dass der Puffer zwischen dem Wohlfahrtsstaat und der Wirtschaft stetig abnimmt. Der Wohlfahrtsstaat schafft es zunehmend weniger, die sozialen Risiken, die durch eine liberale Wirtschaftspolitik entstehen, abzuschwächen. Dies führt zu einem steigenden Zweifel am demokratischen System, wie wir es beispielsweise bei den »Querdenken«-Demonstrationen sehen können, wo ein deutlicher Zweifel an den demokratischen Institutionen geäußert wird.

Die zunehmenden Probleme durch die Schwächung des sozialen Sicherungssystems und der Polarisierung innerhalb der Gesellschaft führen zu einer erhöhten Gewaltbereitschaft und Kriminalität, was wiederum den Ruf nach mehr Sicherheit in der Öffentlichkeit verstärkt. Der wirtschaftlich verursachten Existenzangst soll daher durch mehr Kontrolle und Überwachung begegnet werden. Die Menschen, die in ungesicherten Verhältnissen leben, sollen den Eindruck erhalten, mit mehr öffentlicher Gewalt wären ihre Probleme zu lösen. Somit füllt eine zunehmende Überwachungspolitik die Stelle einer nachlassenden Verteilungspolitik.

Diesen Wechsel von einer wohlfahrtsstaatlichen Verteilungspolitik hin zu einer autoritären Kontrollpolitik machen sich rechte Parteien zu eigen und können daraus Profit schlagen. Sie treiben diese politische Wende nicht nur durch eigene Regierungsbeteiligung voran, sondern üben auch als Opposition Druck auf die Regierungsparteien aus, die aus Angst, Stimmen zu verlieren, dann verstärkt autoritäre Politiken durchsetzen. Zu solchen Politiken gehören eine zunehmende Kontrollpolitik, wie die Verschärfung des Ausländerrechts, der Kontrolle von sozial schwächer Gestellten wie Sozialhilfeempfänger*innen, ein zunehmender Einsatz privater Sicherheitsdienste, um Wohnviertel von Wohlhabenden zu schützen (»gated communities«), Ausdehnung von Videoüberwachung usw. (vgl. ebd.).

Partizipative Demokratie als Gegenmodell

Um dem Rechtsextremismus entgegenzuwirken, ist eine partizipative Demokratie, die auf einer starken Zivilgesellschaft beruht und eine niedrige soziale Ungleichheit aufweist, wichtig. Das bedeutet, dass alle Menschen dieselben Möglichkeiten haben, am demokratischen Leben teilzunehmen. Denn in der Regel ist demokratische Teilhabe verbunden mit Zeit, Bildung und Einkommen oder Vermögen. Nur wer Zeit hat und es sich leisten kann, hat die Möglichkeit, sich gesellschaftlich zu engagieren und ein Ehrenamt zu übernehmen. Dank guter Bildung wird das Wissen verbreitert, an welchen Stellen es Möglichkeiten gibt, zivilgesellschaftlichen Einfluss zu nehmen und wie politische Teilhabe überhaupt funktioniert.

Menschen, die in Gemeinschaftsinitiativen aktiv sind, erlangen dabei das Wissen, wie Politik funktioniert und wie sie Einfluss auf die Entscheidungen von politischen Parteien ausüben können. So werden sie in die Lage versetzt, die Interessen der Bevölkerung gegenüber den politischen Mandatsträger*innen zu vertreten, und übernehmen eine Kontrollfunktion für die Demokratie. Denn damit überprüfen sie das Handeln der Parteien und der Regierung und können zugleich dazu beitragen, der demokratischen Öffentlichkeit wichtige Informationen zu liefern (vgl. Krell et al. 2012). Diese Erfahrungen und die direkte Wahrnehmung von politischem Einfluss können Rechtsextremismus entgegenwirken. Denn dieser speist sich aus dem Gefühl der Einflusslosigkeit und setzt auf autoritäre Strukturen bzw. die Autorität starker Männer und Frauen, statt selbst die eigenen Interessen zu vertreten.

Um einem Autoritarismus als Teilaspekt von Rechtsextremismus entgegenzuwirken, ist es wichtig, dass demokratische Partizipation in allen Bereichen des Lebens stattfindet. Denn wenn die demokratischen Teilhabemöglichkeiten rein auf die Wahl von Mandatsträger*innen beschränkt werden und im Berufsalltag den Anweisungen von Vorgesetzten unterworfen sind, kann dies sehr schnell in fehlender Selbstwirksamkeit enden. Unzufriedenheit mit den Entscheidungen von Mandatsträger*innen führt zu Frustration und Politikverdrossenheit. Die Gefühle der Individuen sind abgekoppelt von den politischen Realitäten der Organisationen und Institutionen, von welchen sie eigentlich Teil sind.

Als Gegenbeispiel kann das Geschehen um die Firma Algoma Steel in Kanada dienen. Hier wird deutlich, dass weitreichende demokratische Teilhabe am Arbeitsplatz auch zur Demokratisierung innerhalb der Familie und des näheren sozialen Umfelds führt. Nachdem 1991 im kanadischen Sault Ste. Marie der größte Arbeitgeber Algoma Steel im Umkreis von 400 Kilometern die Pleite drohte und es keine Käufer gab, erwarben die Arbeiter*innen die Mehrheit der Unternehmensanteile mit der Unterstützung der kanadischen Stahlarbeiter*innengewerkschaft. Sie etablierten einen auf Konsens[13] basierten Entscheidungsprozess mit gleichwertigen Stimmrechten wie das Management. Dabei lernten die Arbeiter*innen direkte Partizipation und die Selbstorganisation ihrer eigenen Arbeitsprozesse, einschließlich der Fähigkeiten von Kommunikation, Konflikt- und Problemlösung.

Diese Erfahrungen trugen sie in ihre Familien und andere persönliche soziale Netzwerke. Sie erfuhren dadurch eine stärkere Selbstwirksamkeit ihres Tuns. Wichtig waren vor allem die direkten Beteiligungsmöglichkeiten der Beschäftigten an ihren täglichen Arbeitsprozessen und Unternehmensentscheidungen (vgl. Savory-Gordon 2003). Solche Beteiligungsansätze können dazu führen, dass dadurch Transformationsängste genommen werden. Zugleich wird durch diese direkten Mitbestimmungsmöglichkeiten und gelebte Demokratie am Arbeitsplatz autoritären Einstellungen entgegengewirkt.

---

[13] Im Gegensatz zum Mehrheitsprinzip bei demokratischen Abstimmungen, bei der die Mehrheit der Stimmen entscheidet, werden beim Konsensprinzip Entscheidungen ohne Gegenstimmen getroffen. Dabei ist es wichtig, dass alle unterschiedlichen Meinungen gehört und anschließend Entscheidungen beschlossen werden, die alle Beteiligten mittragen können.

Demokratie, Mitbestimmung und eine aktive Beteiligung am zivilgesellschaftlichen Leben und in der Arbeit können also die Verbreitung von Rechtsextremismus in der Gesellschaft eindämmen. Das zeigt, wie Gefühle der Einflusslosigkeit überwunden und gesellschaftliche Probleme gelöst werden können. Allerdings herrschen in der Wirtschaft vor allem hierarchische Strukturen, die aufgrund ihres Einflusses auf die Politik Entscheidungen aushebeln können. Mehr Mitbestimmung auf der Betriebs- und Unternehmensebene kann diese Einflusslosigkeit, und somit auch die Herausbildung von rechtsextremen Einstellungen, zumindest abschwächen.

7. Rechtsextreme erkennen

Es wird zunehmend schwieriger, Rechtsextreme zu identifizieren, da die Szene nicht mehr nur aus den glatzköpfigen Männern mit Bomberjacke und Springerstiefeln mit weißen Schnürsenkeln besteht. Es wird zunehmend versucht, Kleidungsstile anderer Szenen zu adaptieren, um einen Anschluss an die Gesellschaft zu finden. Man will sich als der*die »normale« Nachbar*in von nebenan geben. Rechtsextreme sind nicht nur Männer. Das verdeutlicht auch die Wahl von Giorgia Meloni von der postfaschistischen und rechtsextremen Partei *Fratelli d'Italia* zur italienischen Ministerpräsidentin. Frauen sollen vor allem der rechtsextremen Bewegung helfen, bürgerlicher und freundlicher aufzutreten. Außerdem versuchen Rechtsextreme zunehmend Vereine, Kirchengemeinde oder die Kommunalpolitik zu unterwandern. Denn Rechtsextreme planen langfristig. Da sie nicht allein über den parlamentarischen Weg ihre Ziele erreichen können, versuchen sie, die linke Strategie der »kulturellen Hegemonie« in ihr ideologisches Fundament einzubauen. Dieser von Antonio Gramsci entworfene Ansatz zielt darauf, in der politischen Arbeit bei den Menschen im Alltagsleben anzusetzen, sie dort abzuholen und sie für die eigenen Ziele zu gewinnen. Denn nur so kann man langfristig eine Chance haben sich, in der Bevölkerung zu verankern. Im Gegensatz zu linken Kräften orientieren sich die Rechten nicht auf Demokratie und Selbstbestimmung, sondern auf eine »Volksgemeinschaft«, die verbinden soll und mit der die Menschen vor Ort indoktriniert werden sollen (vgl. Ohse 2009).

Trotz dieser diversen Versuche, harmloser und freundlicher aufzutreten, gibt es einige eindeutige Merkmale, die helfen können, Rechtsextreme schnell zu erkennen. Dazu gehören vor allem Codes, Symbole, Bekleidung und Musik.

Rechtsextreme Zahlen- und Buchstabencodes

Abkürzung	Bedeutung
13/4/7	Zahlencode für die Abkürzung MdG, der in Deutschland und Österreich strafbaren Grußformel »Mit deutschem Gruß«
18	1. und 8. Buchstaben des lateinischen Alphabets, Synonym für die Initialen Adolf Hitlers

Abkürzung	**Bedeutung**
28	2. und 8. Buchstaben des Alphabetes für »Blood and Honour« (›Blut und Ehre‹)
2YT4U/2yt4u	steht für »too white for you« (»zu weiß für dich«)
74	7. und 4. Buchstaben des Alphabetes für »Großdeutschland«
84	8. und 4. Buchstaben des Alphabetes für »Heil Deutschland«, wird außerdem als Grußformel verwendet (»Heil dir«)
88	8. Buchstaben des Alphabetes für »Heil Hitler«
444	steht für DdD = »Deutschland den Deutschen«
19/8	19. und den 8. Buchstaben des Alphabets für »Sieg Heil«
192	1., 9. und 2. Buchstabe des Alphabets, »AIB« für »Adolf is back«
1488	steht für Fourteen Words von David Eden Lane und »Heil Hitler«; es kann auch für 1 = Auf, 4 = Deutschland, 8 = Heil, 8 = Hitler stehen
168:1	Bezug auf den Bombenanschlag auf das Murrah Federal Building in Oklahoma City (USA) im Jahr 1995. Die Zahlenkombination, die zuerst auf T-Shirts von Rechtsextremisten in den USA erschien, soll die 168 Todesopfer dem Tod des Haupttäters Timothy McVeigh gegenüberstellen, der dafür am 11. Juni 2001 hingerichtet wurde. McVeigh selbst soll einem Journalisten vor seiner Hinrichtung gesagt haben: »Auf die roheste Weise ausgedrückt, stehe es 168:1, und er fühle sich als der Sieger.« Er pflegte enge Kontakte zu rechtsextremen Organisationen.
14 words	steht für »We must secure the existence of our people and a future for white children« (›Wir müssen den Fortbestand unseres Volkes und die Zukunft weißer Kinder sichern.‹) und bezieht sich auf ein Zitat des US-amerikanischen Rechtsterroristen und Rassisten David Eden Lane. Selten findet sich auch die Erklärung, dass 1 und 4 für »Auf Deutschland« steht. Eine bekannte Rechtsrock-Band heißt 14 Nothelfer, in ihrem Lied 14 Words heißt es: »Es gibt einen Satz, den vergesse nie! Kämpfe, lebe, streite nach ihm! 14 words, never forget!«
4/20	Auch 4:20 oder 420. Steht in der amerikanischen Datumsangabe für den 20. April, den Geburtstag Hitlers.

Abkürzung	**Bedeutung**
B & H	steht wie auch »28« für »Blood and Honour« (›Blut und Ehre‹)
C18 bzw. 318	Combat 18, bewaffneter Arm des Neonazinetzwerks Blood and Honour
HFFH	steht für »Hammerskins forever, forever Hammerskins«
HooNaRa	Name einer rechtsextremen Hooligan-Gruppierung (die Abkürzung steht für »Hooligans–Nazis–Rassisten«)
JOG	Jewish Occupied Government, zionistisch oder jüdisch besetzte Regierung
RAHOWA	steht für »RAcial Holy WAr«, was ›heiliger Rassenkrieg‹ heißt
SWP	»Supreme White Power«, Steigerung von »White Power« (›überlegene weiße Macht‹).
WAR	(in Deutschland auch WAW): steht für White Aryan Resistance (›Weißer arischer Widerstand‹).
W.A.P.	steht im neueren Gebrauch für »White Aryan Power« (›Weiße arische Macht‹) in Erweiterung und Anlehnung an vorstehende Kürzel
W.O.T.A.N.	steht für »Will Of The Aryan Nation« (›[Der] Wille der arischen Nation‹, mit einer Anlehnung an den germanischen Gott Wotan)
WP	steht für »White Power« (›weiße Macht‹), einen Wahlspruch des Ku-Klux-Klan. Später wurde es von dem britischen Neonazi Ian Stuart Donaldson, dem Sänger der Band Skrewdriver, zusammenfassend für die nazistische und rassistische Theorie von der Vorherrschaft der »weißen Rasse« benutzt.
WPWW	»White Pride World Wide« (›weißer Stolz weltweit‹)
ZOG	Zionist Occupied Government, zionistisch/jüdisch besetzte Regierung.
SGH	Abkürzung für Sieg Heil.

Quelle: colorful-germany.de

Diese Codes sind auf Aufnähern, T-Shirts, Emblemen und Fahnen zu finden. Auch werden sie gerne als Teil von Organisations- und Bandnamen benutzt. Die Zahlencodes sind als Auto-Wunschkennzeichen bei Rechtsextremen beliebt. Darüber hinaus gibt es noch viele weitere Codes. Hinzu kommt, dass Rechtsextreme auch länderspezifische Erkennungsmerkmale haben.

Rechtsextreme Symbole

Abb. 1: Das Keltenkreuz (links)

Abb. 2: Die Schwarze Sonne (rechts)

Neben Codes nutzen rechtsextreme auch szenetypische Symbole. In Deutschland strafbare sind dabei das *Hakenkreuz*, das 1933 zum amtlichen Symbol des Nationalsozialismus erklärt wurde und das Keltenkreuz. Das *Keltenkreuz* (siehe Abb. 1) gilt als weltweites Symbol für die »Vormachtstellung der weißen Rasse« und dient als Zeichen von »White-Power«. Original zeigt das Keltenkreuz einen Kreis mit einem nach unten verlängerten Kreuz. Bei Rechtsextremen wird es meist verfremdet und durch ein »O« mit einem eingefügten Kreuz dargestellt (vgl. Bundeszentrale für Politische Bildung 2014). Allerdings ist das Keltenkreuz nur dann strafbar, wenn auf eine verfassungswidrige Organisation hingewiesen wird. Dies liegt beispielsweise dann vor, wenn es in einem Abzeichen das Hakenkreuz ersetzt. Strafbar ist das *»SS«-Abzeichen* (eine Kombination aus zwei sogenannten Sigrunen) und das *»SA«-Abzeichen* (einer Kombination aus der Sig-Rune und einem gotischen »A«), das von einem Kreis umringt ist.

Die *Wolfsangel* galt in abgewandelter Form als Abzeichen des »Nationalsozialistischen Schülerbundes« und der SA-Standarte »Feldherrenhalle«. Auch bei HJ-Adjutanten fand dies Verwendung als Ärmelraute. Sie war das Kennzeichen der Jugendorganisation

»Junge Front«, die 1982 verboten wurde. Das Tragen gilt nur dann als strafbar, wenn ein Hinweis auf die verbotene Organisation vorliegt.

Weitere nicht-strafbare Symbole, die hauptsächlich von Rechtsextremen verwendet werden, sind die *»Schwarze-Sonne«*, die *»Triskele«*, das *»Skrewdriver«*-Symbol, *»Lambda«*, die *Reichskriegsflagge*, *»Schwert & Hammer«*, *»Remigration«* und verschiedene Runen.

Die *»Schwarze Sonne«* (siehe Abb. 2) stellt ein zwölfspeichiges schwarzes Sonnenrad dar und wird häufig in rechtsextremen Kontexten verwendet. Dieses Symbol wurde von den Nationalsozialisten verwendet und geht vermutlich auf eine völkisch-antisemitische Esoterikerin Anfang des 20. Jahrhunderts zurück, die von ihr als eine »Zentralsonne« beschrieben wird und den Mittelpunkt des Universums darstelle.

»Triskele« steht für das griechische Wort Dreifuß, Dreibein oder Dreischenkel und stammt ursprünglich aus unterschiedlichen Kulturen. Das dem Hakenkreuz ähnelnde Symbol wird von der rechtsextremen Organisation »Blood & Honour« in ihrem Banner verwendet. Auch der US-amerikanische »Ku-Klux-Klan« verwendet die Triskele.

»Skrewdriver« war eine der wichtigsten Bands des internationalen Rechtsrocks, ihr 1993 verstorbener Sänger war Mitbegründer des rechtsextremen »Blood & Honour«-Netzwerks. Das Emblem der Band wird von vielen Rechtsextremen als Szenesymbol genutzt.

Runen sind germanische Schriftzeichen, die hauptsächlich von Priestern zu magischen und kultischen Zwecken verwendet wurden. Nach der Verbreitung der lateinischen Schrift verschwanden die Runen. Sie wurden jedoch Ende des 19. Jahrhunderts von okkulten und völkischen Gruppen wieder entdeckt. Eine ideologische Bedeutung wurde den Runen durch die Nationalsozialisten zugeschrieben. Sie behaupteten, dass die Runen die Reste einer »früharischen« esoterischen Geheimschrift seien. Da das Hakenkreuz als Symbol der Rechtsextremen verboten wurde, hat sich die Szene auf Runen als sinntragende Zeichen neu ausgerichtet.

Neonazistische Gruppen nutzen u.a. das *»Schwert & Hammer«*-Symbol, das ab 1929 das Gaufeldabzeichen der Hitlerjugend war. Ein Umgedrehtes *»R«* steht für *»Remigration«*. Es ist ein Modewort der »Neuen Rechten« und steht in Verbindung mit der Verschwörungserzählung vom »großen Austausch«. Darin wird behauptet, dass eine ethnisch homogene Bevölkerung durch vor allem muslimische Zuwandernde verdrängt wird. Es soll ihre angebliche Nähe zu sozialistischen Positionen verdeutlichen (vgl. Peter/Dinah 2018; Innenministerium des Landes Nordrhein-Westfalen 2012).

Die »Identitäre Bewegung« – eine rechtsextreme Gruppe neurechter und rechtsextremer Aktivisten – verwendet als Symbol den griechischen Buchstaben *Lambda*, der in einen gelben Kreis auf schwarzem Grund eingebettet ist und steht der Bewegung für den Kampf der Spartaner gegen das zahlenmäßig überlegene Heer der Perser. Es soll eine Parallele zum Kampf gegen »Islamisierung« oder »Überfremdung« bilden (vgl. Möhring 2020).

Seit 1867 gibt es die *Reichskriegsflagge* in unterschiedlichen Darstellungsformen. Die beliebteste Ausführung bei Neonazis zeigt ein schwarzes Kreuz, in dessen Mitte ein Kreis mit dem Reichsadler sowie in der oberen linken Ecke das Eiserne Kreuz auf schwarz-weiß-rotem Hintergrund abgebildet ist. Sie ist eine der am häufigsten verbreiteten Symbole in der Szene (vgl. Bundeszentrale für Politische Bildung 2014).[14] Auch die Flagge und die Farben – schwarz, weiß, rot – des Deutschen Kaiserreichs werden gerne von Rechtsextremen verwendet, so auch von den »Reichsbürgern«, um sich einerseits auf das Kaiserreich zu beziehen und andererseits, um die Legitimation der Bundesrepublik infrage zu stellen.

Merkmale türkischer ethnischer Nationalist*innen sind drei Halbmonde, der Graue Wolf, der Wolfsgruß und die Wolfsbegrüßungsform (vgl. Sendker/Panning 2023). Der Wolfsgruß ähnelt dem »Schweigefuchs«, der oftmals in Schulen, Kindergärten oder Kitas eingesetzt wird, um Kinder zur Ruhe zu bringen. Andere Kinder und Jugendliche, insbesondere mit kurdischem Hintergrund, kann diese Symbolik einschüchtern.

Bekleidung

In der rechtsextremen Szene hat auch die Mode einen wichtigen Stellenwert. Dies bedeutet allerdings nicht, dass Rechtsextreme nur an ihrer Kleidung erkennbar sind. In den letzten Jahren ist eine Identifizierung immer schwieriger geworden, da im rechtsextremen Milieu eine Entwicklung weg von martialischen und leicht identifizierbaren Bekleidungsstilen hin zu einer unauffälligeren Bekleidung stattgefunden hat. Insbesondere rechtsextreme Skinheads nutzen ihre Kleidung, um ihre Verbundenheit mit dem proletarischen Milieu zu zeigen. Es gibt Bekleidung, die für die Szene hergestellt und auch von Rechtsextremen selbst vertrieben wird und Marken, die von Menschen aus dem rechtsextremen Milieu gerne getragen werden.

---

[14] Die Reichskriegsfahne, die in der NS-Zeit verwendet wurde, ist verboten, da darauf ein Hakenkreuz abgebildet ist.

»*Troublemaker*« ist eine Marke, die explizit Bekleidung für Rechtsextreme herstellt, ebenso die Marke »*MasterRace*«. Ihre rassistische Ausrichtung trägt die Marke bereits in ihrem Namen (»Herrenrasse«). Die wohl bekannteste Bekleidungsmarke von Rechtsextremen für die Szene stellt *Thor Steinar* dar. Beim Tragen von »*Consdaple*«-Hemden unter einer geöffneten Jacke erscheint der Schriftzug »NSDAP«, was die Marke in der Szene so beliebt macht. Weitere Kleidungsmarken sind »*Ansgar Aryan*« und »*Harry North*«. Zu den Marken, die bei Rechtsextremen beliebt sind, gehören auch »*Londsdale*«, »*Ben Sherman*«, »*Fred Perry*«, »*Pit Bull*«, »*Alpha Industries*« und »*Doc Martens*«. Allerdings sind die meistens Menschen, die diese Marken tragen, keineswegs rechtsextrem.

Insbesondere rechtsextreme Skinheads tragen gerne Bomberjacke. Hinzukommen als Szeneklamotten auch Ranger-Westen, Feldjacken und andere militärische Kleidungsstücke. Konnten früher Neonazis anhand der weißen Schnürsenkel der Springerstiefel identifiziert werden, ist dies inzwischen nicht mehr möglich. Erkennungsmerkmale sind jedoch oft Aufnäher, Anstecker, Ketten oder Gürtelschnallen. Zu sehen sind dort rechtsextreme Codes und Symbole, aber auch Bandlogos (vgl. Innenministerium des Landes Nordrhein-Westfalen 2008; Möhring 2020). Rechtsextreme verwenden auch gerne Abkürzungen ohne Vokale, um ihre Botschaft z.B. auf T-Shirts nach außen zu tragen. So ist zwar das Hakenkreuz als Symbol verboten, die Abkürzung »*HKN KRZ*« jedoch nicht (vgl. Peter/Riese 2018).

Rechtsextreme Musik

Vor allem bei Jugendlichen kann rechtsextreme Musik als erstes Kontaktmedium zur Szene gelten. Dabei sind die Musikstile sehr heterogen, vom klassischen Rechtsrock, über Liedermacher und Schlager bis hin zu Rap und Black Metal reicht das Spektrum. So gibt es auch Musiker*innen und Bands, die eher schwach politisiert dennoch eindeutig rechtsextrem ausgerichtet sind, ohne dass dies deutlich in den Liedtexten zum Ausdruck kommt.

In anderen jedoch wird direkt rechtsextreme Ideologie ausgedrückt. Viele Alben rechtsextremer Musiker*innen sind aufgrund von Volksverhetzung indiziert. Sie versuchen, durch eine vermeintliche Entschärfung der Texte eine Strafverfolgung zu umgehen. Diese Musiker*innen knüpfen an historischen Ereignissen und Propagandaerzählungen an, ohne jedoch genauere Details zu nennen. Sofern sie Rassismus und Antisemitismus nicht direkt äußern, sind Verschwörungserzählungen Teil der Propaganda. Anstatt von Jüdinnen oder Juden in einem Lied zu sprechen, wird beispielsweise »Sie« benutzt. So wird in einem Song des neonazistischen Musikers Jan-Peter folgendes antisemitische Weltbild vermittelt, ohne direkt den Begriff Juden zu verwenden (vgl. Flad 2014):

> *»Sie bilden und führen Monopole in den Zweigen und Ästen*
> *der Industrien.*
> *Sie reglementieren die Etablierten in allen Strukturen*
> *und Hierarchien.*
> *Sie befehligen ihre Akteure auf den Kulissen dieser Welt –*
> *im Schauspiel Menschenwürde, Selbstbestimmung*
> *und Humanität.*
> *Aus religiösem Fanatismus und – oder als Initiatoren*
> *der Hochfinanz*
> *erklären sie den freien Menschen Krieg*
> *und rüsten sich zum Kampf.«*

Rechtsextreme Musik ist nicht nur eine Möglichkeit, ein entsprechendes Weltbild zu verbreiten, sondern auch und vor allem eine lukrative Einnahmequelle für die Szene. Über 80 verschiedene Vertriebe wie »Front Records«, »Germania Versand« oder »Wewelsburg Records« gibt es in Deutschland. Vor allem Merchandising-Produkte wie T-Shirts und Pullover ermöglichen Rechtsextremen ein Einkommen und sind zugleich eine Propagandaplattform. Die Produkte werden vor allem über Onlineshops der Labels, rechtsextremen Versandhäusern und Szeneläden vertrieben. Zusätzlich gibt es auch Verkaufsstände auf politischen Veranstaltungen, öffentlichen Großereignissen oder inoffiziell durchgeführten Konzerten (vgl. Baumgärtner 2014). Die Konzerte bieten auch einen Rahmen, um sich untereinander auszutauschen oder um neue Leute für die Szene zu rekrutieren.

Die rechtsextreme Musikszene ist transnational vernetzt. »White Power« und die angebliche »Überlegenheit der weißen Rasse« bilden dabei das gemeinsame Identifizierungsmerkmal. Der Nationalismus steht hier weniger im Vordergrund, sondern vielmehr Rasse und Nationalsozialismus, der als konsequente Umsetzung von Rassismus gesehen wird. Viele Bands stammen aus Osteuropa, obwohl vor allem unter Neonazis Osteuropäer*innen nicht als »gleichwertig« erachtet werden.

Um strafrechtlicher Verfolgung zu entgehen, veröffentlichen viele extrem rechte Musiker*innen ihre Musik im Ausland. Und mit Konzertauftritten im Ausland vermeiden sie zudem, dass ihr Konzert verboten oder aufgelöst wird. Denn dort ist meist die Aufmerksamkeit der Behörden und der Zivilgesellschaft nicht so stark ausgeprägt wie in Deutschland. Diese Konzerte finden meist nicht weit entfernt von der Grenze zu Deutschland statt (vgl. Raabe 2017). Umgekehrt publizieren auch international bekannte Rechtsrockbands ihre Musik in Deutschland, um ihren Absatzmarkt zu erweitern.

Eine Trennung zwischen Pop-Musik und rechtsextremer Musik kann sich in manchen Fällen als schwierig erweisen. Bekannte Bands, die hier einen fließenden Übergang zur rechtsextremen Szene bilden sind »Frei.Wild«, »Böhse Onkelz« oder Andreas Gabalier. So werden hier rechte Motive bedient, u.a. in Form von rechtem Pathos, gezielten Tabubrüchen und der Verwendung rechtsextremer Symbolik. So singt Andreas Gabalier beispielsweise in seinem Lied »Mein Bergkamerad«:

> *»Kameraden halten zusammen ein Leben lang.*
> *Eine Freundschaft, die ein Männerleben prägt,*
> *wie ein eisernes Kreuz, das am höchsten Gipfel steht*
> *und selbst dem allerstärksten Sturmwind widersteht.«*

Die Anspielung auf das »Eiserne Kreuz«, das zunächst ein Kriegsorden für preußische Soldaten, für Soldaten im Kaiserreich und zuletzt Soldaten im Nationalsozialismus war, verdeutlicht den rechtsextremen Hintergrund des Lieds. Hier zeigt sich ein provokantes Spiel mit Begriffen, die so auch von rechtsextremen Parteien wie der AfD oder der FPÖ genutzt werden und damit rechtsextreme Kreise anspricht. Wenn es dann Kritik gibt, wird zurückgerudert. So sprach Björn Höcke über das Holocaust-Mahnmal in Berlin von einem »Denkmal der Schande« und behauptete später, dass nicht das Mahnmal eine Schande sei, sondern der Holocaust (vgl. Brinckmeier/Miller 2016; Röhling 2019). Auf diese Weise kommt es zu Grenzverschiebungen des Gesagten und führt zu einer Normalisierung rechtsextremer Rhetorik.

Es wird immer schwieriger, Menschen mit rechtsextremem Gedankengut zu identifizieren. Einen einheitlichen Kleidungsstil, der zeitweise in der Neonaziszene üblich war, gibt es nicht mehr. Rechtsextreme bedienen inzwischen verschiedene gesellschaftliche Milieus, was sie umso gefährlicher macht. Denn sie können somit eine größere Bandbreite an Menschen ansprechen. Einige Merkmale, wie Codes, Symbole, Kleidungsmarken oder Musik können jedoch zur Identifizierung beitragen. Was alle Rechtsextreme außerdem vereint, ist ihr menschenfeindliches Gedankengut und ihr Hang zu Verschwörungsmythen. Nicht alle Anhänger*innen von Verschwörungsmythen sind auch rechtsextrem organisiert. Sie bilden jedoch ein Mobilisierungspotenzial für rechtsextreme Organisationen, die eine Gefahr für unsere Demokratie darstellen. Solche fördern eine diskriminierende Atmosphäre und eine Verschiebung des Gesagten hin zu einer menschendfeindlicheren Gesellschaft.

8. Strategien gegen Rechtsextremismus

Rechtsextremismus ist ein Phänomen, das im Zuge der Bildung von Nationalstaaten entstand. Es handelt sich um eine Gegenbewegung zu einer offenen und demokratischen Gesellschaft, die versucht, die Schwächen einer liberalen Demokratie auszunutzen, um dieses System zu stürzen und ein autoritäres Herrschaftssystem zu errichten. Welches System das genau sein soll, darüber ist sich die heutige extreme Rechte nicht ganz einig. Je nach Strömung kann es sich dabei um eine Monarchie, eine faschistische Diktatur, eine Ein-Parteien-Herrschaft oder eine Militärdiktatur handeln.

Aber Rechtsextremismus ist kein Schicksal und kann bekämpft werden. Vor allem geht es darum, die Verbreitung von rechtsextremem Gedankengut einzudämmen. Doch wie kann das gelingen? Diese Frage ist gar nicht so leicht zu beantworten. Die Gegenstrategien in der Bundesrepublik haben sich lange Zeit nur darauf beschränkt, die Etablierung einer Partei rechts von der Union zu verhindern. So behauptete der CSU-Politiker Franz Josef-Strauß 1987: »Rechts von der CDU/CSU darf es keine demokratisch legitimierte Partei geben.« (SWR 2 1987)

Noch heute versuchen vor allem die Unionsparteien, aber auch die FDP, Wähler*innen vom rechten Rand abzuwerben, indem sie deren Positionen und die Rhetorik übernehmen. Dass diese Strategie zum Scheitern verurteilt ist und keine wirkliche Lösung bietet, wurde spätestens nach den Wahlerfolgen der AfD deutlich. Die Übernahme rechter Positionen führte stattdessen zu einer »Normalisierung« auch extrem rechten Gedankenguts. So war es plötzlich möglich, dass über die Illegalisierung der Seenotrettung von Geflüchteten und somit die Einschränkung von Menschenrechten diskutiert wurde. Europäer*innen zu retten war demnach in Ordnung, aber nicht Menschen aus Asien oder Afrika zu helfen, die mit einem Boot über das Meer kommen. So gelang es der extremen Rechten, mit ihrem Rassismus die öffentliche Diskussion zu beeinflussen.

Die extreme Rechte nutzt vor allem das Recht auf freie Meinungsäußerung, um ihre menschenfeindlichen Positionen in die Öffentlichkeit zu tragen, die auf Halbwahrheiten, Fehlinformationen und Verschwörungserzählungen basieren. Wir müssen uns daher bewusst sein, dass jede*r zwar seine freie Meinung äußern darf und sollte, dabei aber keine Person oder Gruppe diskriminieren darf.

Solcher Diskriminierung und dem Nährboden, auf dem diese wachsen kann, müssen wir beizeiten entgegentreten, nicht erst dann, wenn es zu spät ist und eine rechtsextreme Partei im Parlament sitzt oder gar Regierungsverantwortung übernommen hat. Es gibt hierfür mehrere Gegenstrategien auf der Arbeit, in der Kommune, im persönlichen Gespräch oder bei sonstigen Gelegenheiten. Im Folgenden werden einige Möglichkeiten vorgestellt, die gerne ergänzt werden können.

1. Umgang mit rechtsextremen Äußerungen

In unterschiedlichen Situationen, zum Beispiel in der Schule oder dem Beruf, im Bus, auf Veranstaltungen oder in der Familie, kann es uns passieren, dass wir Menschen mit rechtsextremem Gedankengut begegnen und in verbale Auseinandersetzungen – sei es eine Diskussion oder diskriminierende Sprüche – geraten. Diese Situation wird uns wahrscheinlich zunächst einmal überfordern, es sei denn, wir haben bereits Erfahrungen damit gemacht oder einen Workshop besucht, der uns darauf vorbereitet.[15]

Kommt es zur Äußerung von rassistischer Hetze und Diskriminierung am Arbeitsplatz, sollte diesen Äußerungen – auch wenn es sich um einen rassistischen oder antisemitischen Witz handelt – mit aller Entschiedenheit widersprochen werden. Denn diese Diskriminierung bedeutet Gewalt gegen andere und verfestigt bzw. legitimiert rechtsextremes Gedankengut schrittweise in unserer Gesellschaft. Nicht selten denken Rechte, dass sie für eine »schweigende Mehrheit« sprechen. Dagegen ist deutlich Stellung zu beziehen und es bedarf einer Erklärung, worin das Problem rechtsextremer und rassistischer Hetze liegt. Von großer Bedeutung dabei ist, dass diese diskriminierenden Äußerungen ernst genommen und nicht verharmlost werden.

Rassistische Äußerungen können auch straf- und arbeitsrechtliche Konsequenzen nach sich ziehen. Sollte eine andere Person von Diskriminierung betroffen sein, geht es darum, sich schnell mit dieser Person zu solidarisieren. Denn diese Diskriminierung trifft meist Einzelne und will bewusst ausgrenzen. Bei persönlicher Betroffenheit ist es hilfreich, sich Verbündete zu suchen und diese mit in das Gespräch einzubeziehen. In manchen Situationen kann es auch hel-

[15] Aufstehen gegen Rassismus (www.aufstehen-gegen-rassismus.de) bietet beispielsweise eine Stammtischkämpfer*innenschulung an, die auf den Umgang mit rechtsextremen und rassistischen Parolen vorbereitet.

fen, durch gezieltes Nachfragen Widersprüche in der rechten Argumentationskette aufzudecken. Jedoch ist es auch wichtig, die Situation richtig einzuschätzen und je nach Lage dementsprechend zu handeln. Es lassen sich folgende Situationen unterscheiden (vgl. Gröschel 2012):

- Ein Zweiergespräch mit einem oder einer Bekannten, bei dem man plötzlich mit rechtem Gedankengut konfrontiert wird.
- Ein Zweiergespräch, bei dem ein*e Bekannte*r rechte Sprüche auf einen selbst loslässt.
- Man steht als Verantwortliche*r vor einer Gruppe und hört von einem Gruppenmitglied rechtsextreme Sprüche.
- Die gleiche Situation, in der mehrere Gruppenmitglieder sich rechtsextrem äußern.
- Man als Außenstehende*r merkt, wie Menschen von rechter physischer oder psychischer Gewalt bedroht werden.
- Man als Außenstehende*r erlebt, dass eine Person nach rechts »gelockt« wird.

Das Ziel besteht immer darin, eine Gegenposition aufzubauen und den menschenverachtenden Äußerungen etwas entgegenzusetzen. Gegenüber Dritten sollte die diskriminierende Person nicht als »Held*in« dastehen, eine Solidarisierung muss verhindert werden. Am besten ist es, wenn der*die diskriminierende Gesprächspartner*in zum Nachdenken oder zur Meinungsänderung gebracht wird, auch wenn dies oft nicht einfach oder gar nicht möglich ist. In der Konfliktsituation ist es zudem wichtig, sich nicht so schnell aus der Fassung bringen zu lassen, damit man die eigene Souveränität beibehält, denn Provokationen dienen der Verunsicherung.

Um Widersprüche in den diskriminierenden Argumentationsketten aufzudecken, ist es wichtig, Fragen zu stellen. Wenn die diskriminierende Person den Fragen ausweicht, verdeutlicht dies meistens, dass die Richtung für die andere Person schwierig ist. Hier lohnt es sich, besonders nachzuhaken, um die Schwäche der Gegenseite aufzuzeigen. Eigenes Wissen zu gängigen diskriminierenden Argumenten ist zusätzlich wichtig. Es ist nicht nur hilfreich, um Fehler in der rechtsextremen Erklärung offenzulegen, sondern steigert auch das eigene Selbstbewusstsein in Diskussionen. Wichtige Themen sind Flucht und Asyl, die Geschichte des Nationalsozialismus, woher kommt Antisemitismus und Antiziganismus, völkischer Nationalismus und die sogenannte »Rassenlehre« usw.

Ein weiterer relevanter Hinweis bei rechtsextremen Argumenten ist: Wer behauptet, muss beweisen. Oft ist es somit einfacher, nachzufragen, woher die Behauptung kommt (»Wo genau ist das so?«, »Wie kommst Du darauf?«).

Wenn man versuchen will, jemanden aus dem rechtsextremen Spektrum im Gespräch zu überzeugen – je nach deren oder dessen Verankerung in der Szene kann dies sehr schwierig sein –, ist möglicherweise eine zu deutliche Gegenhaltung eher hinderlich. Wichtiger kann es sein, dem Gegenüber zunächst Verständnis entgegenzubringen. Das bedeutet nicht, sich mit den vertretenen rechtsextremen Positionen einverstanden zu zeigen, sondern ein Gespür für die Lage des Gegenübers zu bekommen, warum diese Person zu rechtsextremen Schlussfolgerungen kommt. Denn oft liegt der Grund für rechtsextreme Einstellungen darin, dass Lösungen und Erklärungen für Verunsicherungen gesucht werden, wie beispielsweise den Verlust des Arbeitsplatzes, die einfach sind und zu kurz greifen.

Relevant in dieser Situation ist es, nicht belehrend zu wirken, sondern ein Gespräch auf Augenhöhe zu suchen, was sich auch in der körperlichen Haltung widerspiegeln kann. Das Gespräch sollte möglichst aktiv gestaltet und mit so präzisen Informationen bzw. Erklärungen wie möglich verbunden werden. Das kann zum Beispiel auch bedeuten, bestimmte Informationen zu widerlegen, indem man gemeinsam in seriösen Quellen nachrecherchiert. Denn oft verdrehen Rechtsextreme Berichte aus der Zeitung oder interpretieren nur die Schlagzeile und kommen somit zu ihren Schlussfolgerungen.

Man sollte jedoch bei Diskussionen aufpassen, denn die neue Rechte versucht nicht selten, ihre Menschenfeindlichkeit zu verschleiern bzw. zu beschönigen. So sprechen sie beispielsweise anstatt von der »Verschiedenheit der Rassen« von »Ethnopluralismus«. Fallen die Stichworte »Recht auf«, »Pflicht zu« oder »kein Recht auf/keine Teilhabe an« sollte man genauer hinhören (vgl. ebd.).[16]

[16] Vertiefende Ratgeber zum Umgang mit rechtsextremen Äußerungen bietet u.a. der Verein »Mach meinen Kumpel nicht an! – für Gleichbehandlung und Rassismus e.V.«, wie »So Nicht! Kleiner Ratgeber zum Umgang mit rechtsextremen Sprüchen« und den tiefgreifenderen Ratgeber »Stopp, so nicht! Über den Umgang mit rechtsextremen Äußerungen«. Die Broschüre von Pro Asyl »Pro Menschenrechte Contra Vorurteile« liefert Fakten und Argumente zur Debatte über Geflüchtete in Deutschland und Europa.

2. Gegenstrategien auf lokaler Ebene

Rechtsextreme haben bessere Chancen in Kommunen Fuß zu fassen, in denen zivilgesellschaftliches Engagement schwach ausgeprägt und ein Großteil der Bevölkerung nicht in demokratische Prozesse eingebunden ist. Aber auch fehlende oder unattraktive Freizeitangebote besonders für junge Menschen können sich förderlich auf die Verbreitung von Rechtsextremismus auswirken. Das trifft nicht nur auf abgehängte ländliche Regionen zu, sondern auch auf vernachlässigte Stadtteile. Rechtsextreme nutzen die Mängel in diesen Gebieten aus, um dort Fuß zu fassen. Sie fordern stetig demokratischen Institutionen durch Provokation und Übergriffe heraus, um die örtliche demokratische Kultur zu zerbrechen. Unter einer demokratischen Kultur werden hier nicht nur freie und faire Wahlen und eine funktionierende Gewaltenteilung bezeichnet, sondern auch die Akzeptanz und Berücksichtigung von Bedürfnissen sozialer Minderheiten. Es ist also wichtig, die demokratischen Werte und Normen im Alltag sichtbar zu machen und zu bekräftigen, damit die rechtsextremen Angriffe erfolglos bleiben.

Ein weiteres Problem besteht darin, dass Rechtsextreme erfolgreich versuchen, attraktive Angebote für bestimmte Zielgruppen zu schaffen. Wichtig ist es daher, diese Zielgruppen wieder in das demokratisch-gesellschaftliche Leben zurückzuführen, ohne jedoch Zugeständnisse an rechtsextreme Gesinnungen zu machen. Also muss ein großes Spektrum an demokratischen Kräften und Institutionen mobilisiert und in die Auseinandersetzung mit Rechtsextremen einbezogen werden, denn es gibt in der Regel überall Menschen, die zu einem Engagement bereit sind (vgl. Strobl/Lobermeier 2009). Dies kann nur im Konsens entstehen und es muss der demokratische Grundkonsens von Demokratie und Menschenwürde im Mittelpunkt stehen, dagegen jede Annäherung oder Übernahme von rechtsextremen Positionen ausgeschlossen werden. Denn dadurch erfahren diese nur mehr Akzeptanz.

Rainer Strobl und Olaf Lobmeier (ebd.) haben zehn wichtige Punkte für die Auseinandersetzung mit Rechtsextremismus auf der kommunalen Ebene benannt: Ressourcen für dauerhaftes Engagement, eine positive Ausrichtung, eine langfristige Orientierung, Arbeitsteilung, moderierendes Vorgehen, formale Regeln, Integration, sichtbare Aktivität, politischer Grundkonsens und eine Kultur der Anerkennung mit Erfolgserlebnissen und Spaß. Die Berücksichtigung all dieser Hinweise ermöglichen ein dauerhaftes und breites Engagement gegen Rechtsextremismus in der Kommune.

Bei Versammlungen

Rechtsextreme nutzen bewusst das Versammlungsrecht aus, um ihre menschenverachtende Meinung und Provokationen in die Öffentlichkeit zu tragen. Sie wählen oft Aktionsformen, die strafrechtlich die Grenze der Legalität streifen. Rechtsextreme Aufmärsche und Versammlungen werden meist von Einzelpersonen oder Vereinigungen angemeldet. Nach außen hin wird der Anschein erweckt, dass eine Organisation dahintersteckt. Zwar ist jede rechtsextreme Versammlung eine Veranstaltung zu viel und die Inanspruchnahme der Versammlungsfreiheit erscheint als politischer Missbrauch, um die demokratischen Freiheitsrechte auszunutzen. Auf Basis des Verfassungsrechts und des Grundgesetzes wird jedoch zwischen dem politisch Unerwünschten und dem rechtlich Verbotenen unterschieden.

»Zum Schutz der öffentlichen Ordnung« kann die Art und Weise sowie die Durchführung von Versammlungen durch bestimmte Auflagen eingeschränkt werden. Dies erfolgt vor allem dann, wenn eine Gefahr durch Gewalt für andere Bürger*innen besteht oder wenn öffentlich Riten und Symbole der Nationalsozialisten gezeigt oder praktiziert werden. Die Routen rechtsextremer Demonstrationen können in der Regel jedoch nur verändert werden, wenn auf der gleichen Strecke bereits andere Veranstaltungen angemeldet sind. Darunter können auch Gegendemonstrationen fallen, denen ggf. sogar Vorrang gewährt werden kann. Das Versammlungsrecht erweist sich somit nicht als effektives Mittel im Kampf gegen Rechtsextremismus.

Versammlungen können auch nur vor rechtsextremem Missbrauch und Propaganda geschützt werden, wenn es sich nachweislich um eine »kollektive Meinungskundgabe« handelt. Bei »Geselligkeit«, einem »Erlebnisgehalt« allgemeinen Zusammenseins unter Gleichgesinnten oder szenetypischer Kultur, wie RechtsRock-Konzerten, gilt dagegen allein das Ordnungsrecht. Es liegt somit in der Verantwortung der Zivilgesellschaft und der demokratischen politischen Kräfte, den Feinden der Demokratie und der Menschenrechte sowie der wachsenden öffentlichen Sichtbarkeit von rechtsextremen Akteur*innen entgegenzutreten, indem Ansammlungen von ihnen als ein Alarmsignal für die Gesellschaft skandalisiert werden. Kreative Gegenkundgebungen stellen ein besseres und geeigneteres Mittel dar (Berlit 2009).

Bei Anmietungsversuchen und Immobilien
Um ihre Szene vor Ort zu verankern, bemühen sich Rechtsextreme darum, Anlaufpunkte und Räumlichkeiten zu etablieren, damit dort u.a. Veranstaltungen durchgeführt, Propagandamaterial verkauft oder Treffpunkte geschaffen werden können. Außerdem wird eine Unabhängigkeit bei der Durchführung größerer Veranstaltungen angestrebt, da Anmietungen aufgrund von zivilgesellschaftlichem Engagement oft unterbunden werden. Auch die Ansiedelung rechtsextremer Familien mit dem Ansatz einer »nationalen Siedlungspolitik« in Form von Wohnprojekten oder einer Gemeinde können ein Grund für zivilgesellschaftliche Gegenwehr sein.

In der Regel findet ein tatsächliches Kaufinteresse ohne Begleitung der Öffentlichkeit statt und die Abwicklung erfolgt über Strohfirmen, -stiftungen oder -männer/-frauen. Zugleich werden Kauf- oder Verkaufsabsichten von den Rechtsextremen auch genutzt, um Öffentlichkeitsarbeit zu betreiben bzw. eine hohe mediale Aufmerksamkeit für die Kaufabsicht zu erzeugen. Manche Kommunen üben ihr gemeindliches Vorverkaufsrecht oder den freihändigen Erwerb einer Immobilie aus, um den vermeintlich drohenden Verkauf an Rechtsextreme zu verhindern. Durch die Herstellung von Öffentlichkeit können die Rechtsextremen vor Ort nicht nur ihren Bekanntheitsgrad steigern, sondern auch Druck ausüben. Nicht selten nutzen Verkäufer*innen dies, um ihre Immobilie mit einem höheren Gewinn zu verkaufen – mit oder auch ohne Absprache der rechtsextremen Szene. Es ist auch möglich, dass Rechtsextreme am Gewinn des Verkaufs beteiligt werden.

Die Kaufabsicht von Immobilien durch Rechtsextreme kann zu unterschiedlichen Zeitpunkten – von dem vagen Verdacht bis hin zum abgeschlossenen Kaufvertrag – bekannt werden. Dabei sind zwei grundlegende Szenarien zu unterscheiden:

Wenn die Immobilie noch nicht erworben wurde, kann dies noch unterbunden werden. So gibt es die Möglichkeit, nach anderen geeigneten Käufer*innen für das Objekt zu suchen oder den Erwerb durch die Kommune durch die Ausübung des Vorverkaufsrechts. Sofern allerdings ein Scheingeschäft vermutet wird, um Preise nach oben zu treiben, dann sollte dies unterbleiben.

Wenn der Kauf bereits durchgeführt wurde, gibt es dennoch rechtliche Möglichkeiten, um den Betrieb des Objekts durch Rechtsextreme zu be- oder gar verhindern. Darunter fallen das Bauplanungsrecht, das Bauordnungsrecht, das Denkmalschutzrecht, das Brandschutzrecht sowie das Gaststätten- und Gewerberecht.

Insgesamt ist es wichtig, die Kommunen so schnell wie möglich nach Bekanntwerden von Kaufabsichten zu informieren und in das weitere Vorgehen so weit wie möglich einzubinden. Je nachdem, in welchem Stadium sich der Kauf befindet und welche Strategie der Rechtsextremen vermutet wird, spielt auch die Presse- und Öffentlichkeitsarbeit eine wichtige Rolle. Allerdings ist dabei zu beachten, dass eine Presseberichterstattung auch eine Gelegenheit für Rechtsextreme darstellt, sich zu präsentieren und sich als Opfer darzustellen. Insbesondere wenn ein Scheinkauf vermutet wird, kann die Öffentlichkeitsarbeit zu einem Problem werden (Miller 2009; Molthagen/Korgel 2009).

*Völkische Siedler*innen*

Vor allem auf dem Land gibt es eine zunehmende Tendenz rechtsextremer Siedler*innen, sich in Gemeinden festzusetzen. Sie versuchen dort ihre Weltanschauung zu verbreiten: in der Nachbarschaft, im Kindergarten, in der Schule, im Bioladen oder im Verein. Dabei sollte man sich nicht von dem Schein des*der »netten Nachbar*in« täuschen lassen. Wichtig dabei ist es, ruhig zu bleiben und sich mit anderen Menschen darüber auszutauschen, sich gemeinsam zu informieren, geschlossen aufzutreten und sich klar gegen die völkischen Siedler*innen zu positionieren.

Nützlich es auch, sich dabei – sofern vorhanden – von Expert*innen beraten zu lassen, gemeinsam an die Öffentlichkeit zu gehen, Netzwerke für eine demokratische Alltagskultur zu bilden und Kontakt mit Betroffenen in anderen Orten aufzunehmen. Ein bewusstes Kaufverhalten gegenüber Bio- oder Handwerkswaren, die von völkischen Siedler*innen produziert oder verkauft werden, kann ebenfalls dazu beitragen, dass diese schwerer vor Ort Fuß fassen. Sofern auch Läden, die nicht Teil der völkischen Siedlungsbewegung sind, bewusst oder unbewusst Waren von diesen verkaufen, sollte dies angesprochen und öffentlich gemacht werden. Eine Recherche in Online-Registern der Biobetriebe kann oft bei der Suche helfen, ob Waren von völkischen Siedler*innen stammen.

Auch in Kindergärten oder Schulen können völkische Eltern versuchen, ihr Gesellschaftsbild zu verbreiten. Hier ist es wichtig, mit den Erzieher*innen darüber zu reden und diese zu informieren. Kinder sollten dabei nicht für die Weltanschauung ihrer Eltern verurteilt werden. Durch ggf. die Änderung der Hausordnung für ein demokratisches, weltoffenes und gleichberechtigtes Miteinander und dem Verbot von rechtsextremen Äußerungen, Kleidungen, Musik, Symbolen und Codes kann den völkischen Siedler*innen besser entgegengewirkt werden. Freie Kindergärten und Schulen, die als Verein organisiert sind, können in der Vereinssatzung die Festlegung demokratischer und weltoffener Prinzipien festlegen. Dies gilt auch für andere Vereine und Initiativen, die potenziell von völkischen Siedler*innen unterwandert werden können.

Neumitgliedern und Interessent*innen an einer Mitgliedschaft sollte verdeutlicht werden, dass Demokratie und Weltoffenheit die Grundlage eines Vereins bilden. Auch falls völkische Siedler*innen im eigenen Betrieb oder innerhalb eines Verbandes auffallen, sollte dies diskutiert werden und auf ein demokratisches Selbstverständnis verwiesen werden. Und selbst in den Allgemeinen Geschäftsbedingungen (AGBs) kann eine entsprechende Klausel eingeführt werden, die sich beispielsweise auf ein geschäftsschädigendes Verhalten durch einen*er extrem rechte*n Geschäftspartner*in hinweist und einen Vertragsrücktritt bzw. eine sofortige Kündigung ermöglicht (vgl. Schmidt 2014).[17]

3. Betriebliche Gegenstrategien

Um rechtsextremes Gedankengut in Betrieben und Verwaltungen einzudämmen, gibt es verschiedene Strategien und rechtliche Möglichkeiten. Allerdings hängt dies auch vom jeweiligen Betriebsklima ab. Gibt es sehr viele Beschäftigte mit rechtsextremen Auffassungen in einem Unternehmen oder einer Behörde, dürfte es schwierig werden, dagegen vorzugehen. Auch eine kleine Betriebsgröße kann das Vorgehen gegen Rechtsextreme erschweren, da dort ein eher persönliches Betriebsklima herrscht. Dort wird entweder eine deutliche Unterstützung der Belegschaft oder des*der Chef*in gebraucht, ohne dass man am Ende selbst Opfer von Diskriminierung wird und möglicherweise sogar den Arbeitsplatz verliert bzw. rausgemobbt wird. Es ist somit wichtig, Verbündete zu suchen, die bei Aktivitäten und der Aufklärungsarbeit unterstützen. Der betrieblichen Interessenvertretung der Beschäftigten, also dem Betriebs- oder Personalrat, kommt dabei eine wichtige Rolle zu.

Handlungsmöglichkeiten im Betrieb

Selbst wenn noch keine bekannten Vorfälle von Diskriminierung und Rassismus vorliegen, macht es durchaus Sinn, bereits zu handeln und

---

[17] Ausführlichere Infos sind in der Broschüre der Amadeu-Antonio-Stiftung zu »Völkischen Siedler*innen im ländlichen Raum« zu finden.

sich gegen Rechtsextremismus und Rassismus zu positionieren. So ist es wichtig in Betriebszeitungen, Rundschreiben, Aushängen usw. die Kolleg*innen darüber zu informieren, dass Diskriminierung und Rassismus im Betrieb keinen Platz haben. Und es ist sinnvoll, Anlaufstellen für mögliche Betroffene einzurichten.

Es gibt zudem gesetzliche Regelungen, die der betrieblichen Interessenvertretung dabei helfen, gegen Diskriminierung und Rassismus im Betrieb vorzugehen, die damit eine wichtige Funktion für die Vorbeugung gegen Rechtsextremismus hat. Rechtlich ist nach dem Allgemeinen Gleichbehandlungsgesetz die Einrichtung einer Beschwerdestelle bei Diskriminierung durch den Arbeitgeber verankert. Dieser ist zudem verpflichtet, Schulungen zum Thema Diskriminierung anzubieten. Der Betriebs- oder Personalrat kann aber auch selbst eine*n Antidiskriminierungsbeauftragte*n benennen, die*der bei diskriminierenden Verhalten vermitteln und handeln kann.

Die entsprechenden Vertrauenspersonen sollten dementsprechend geschult und unterstützt werden, um von Rassismus, Diskriminierung usw. betroffene Beschäftigte unterstützen zu können und im schlimmsten Fall dafür zu sorgen, dass Diskriminierende versetzt oder gar entlassen werden. Zusätzlich zu den vorgeschriebenen rechtlichen Regelungen gibt es die Möglichkeit, freiwillige Betriebsvereinbarungen zur Bekämpfung von Diskriminierung und Förderung der Integration ausländischer Beschäftigter abzuschließen. Darin können ein verbindliches Vorgehen im Fall von rechter Hetze und die Verankerung regelmäßiger Aufklärungs- und Bildungsmaßnahmen im betrieblichen Alltag festgelegt werden.[18] Zudem sollte auf Diversität in den Unternehmen oder Verwaltungen geachtet werden, zum Beispiel bei der Verteilung von Personengruppen oder bei der Einstellung, um durch persönliche Kontakte Vorurteile abbauen zu können (siehe hierzu insbesondere die Broschüre von ver.di Bayern 2021).

Darüber hinaus kann eine Charta ausgearbeitet werden, in der auch für Beschäftigte und Kund*innen vorgeschrieben wird, dass diskriminierende Verhaltensweisen nicht erwünscht sind. So kann beispielsweise in Kooperation mit den entsprechenden Unternehmen im Öffentlichen Nahverkehr eine Vereinbarung getroffen wer-

---

[18] Ein Muster einer Betriebsvereinbarung zum Schutz vor Diskriminierung gibt es von der ver.di Jugend. www.aktiv-gegen-diskriminierung.info/handeln/aktionshandbuch.

den, dass Menschen, die sich rassistisch oder diskriminierend äußern, aus dem Verkehrsmittel geworfen werden dürfen.

Bei Betriebsrats-, Personalrats- oder zu Jugend- und Ausbildungsvertreterwahlen kann es zudem hilfreich sein, sich schon zuvor einen Überblick über die Kandidierenden zu verschaffen. Wenn erst nach der Wahl auffällt, dass Rechtsextreme Teil der betrieblichen Interessenvertretung sind, wird es schwieriger, sich für eine vielfältige und solidarische Gesellschaft einzusetzen. Deshalb sollte versucht werden, vorab zu prüfen, ob Kandidierende bereits durch diskriminierendes Verhalten aufgefallen sind, und darüber zu informieren. Mitunter hilft ein Blick ins Internet oder auf Social-Media-Kanäle, um rassistische Einstellungen auszumachen. Auch der Austausch mit Gewerkschafter*innen oder Organisationen vor Ort, die sich gegen Rassismus und Rechtsextremismus einsetzen, kann nützlich sein. Wenn bekannt ist, dass Kandidierende mit rassistischen beziehungsweise rechten Positionen zur Wahl antreten wollen, sind die Beschäftigten so schnell wie möglich über deren Positionen aufzuklären. Oft stellen sich rechte Kandidierende zunächst als sozial und beschäftigtenfreundlich dar. Aus diesem Grund ist es besonders wichtig, vorhandene antidemokratische, rassistische und beschäftigtenfeindliche Positionen aufzudecken.

Daneben können auch originelle Aktionen helfen, rechtsextremistischen Auffassungen in der Belegschaft zu begegnen. Hier gibt es viele verschiedene Möglichkeiten, wie beispielsweise ein Schild gegen Rassismus am Eingang anzubringen oder öffentlichkeitswirksame Aktionen für Toleranz zu organisieren. Sofern möglich, sollten auch Vertreter des Managements, der Inhaber*innen eines Unternehmens oder Behördenleiter*innen einbezogen werden.[19]

Standortkonkurrenz, -abbau und Abstiegsängste

Rechtsextreme Einstellungen werden auch durch die ständige Angst vor dem Abbau von Arbeitsplätzen und der Verlagerung von Standorten befördert. Der Druck auf die Beschäftigten und die betriebliche Interessenvertretung steigt dadurch deutlich. Die Verantwortung für den Erhalt von Standorten vor allem bei größeren Konzernen wird oftmals auf die Beschäftigten und die Betriebsräte geschoben. Sie sollen dann Ideen liefern, durch welche Sparmaßnahmen der jeweilige Standort erhalten werden kann. So werden

---

[19] Weitere Informationen und Unterstützungsangebote gibt es beispielsweise unter respekt.tv, einer Initiative der IG Metall gegen Rassismus im Betrieb.

bestehende Tarife aufgeweicht und die Verhandlungsposition der Beschäftigten geschwächt, was Frustration und Abstiegsängste bei ihnen hervorruft und möglicherweise die Offenheit gegenüber rechtsextremen Positionen fördert.

Einfache Erklärungsansätze und Parolen, wie beispielsweise »die Ausländer nehmen uns die Jobs weg« aufgrund der möglichen Drohung einer Verlagerung der Produktion ins Ausland, finden unter diesen Bedingungen einen stärkeren Anklang. Hier sind insbesondere die Betriebsräte und Gewerkschaften gefordert, die Beschäftigten über die eigentliche Problematik aufzuklären. Denn die Menschen, die in Ländern mit einem niedrigeren Lohn arbeiten, sind nicht für den potenziellen Verlust von Arbeitsplätzen verantwortlich. Vielmehr ist es die jeweilige Konzernleitung, deren Interesse darin besteht, so viel Gewinn wie möglich abzuschöpfen, im Zweifel auch auf Kosten der Beschäftigten.

Die Konkurrenz zwischen den einzelnen Standorten wird genutzt, um die Verhandlungsposition der Beschäftigten zu schwächen. Deshalb ist es wichtig, in den Austausch mit den Betriebsrät*innen anderer Standorte zu treten oder sich mit dem Gesamtbetriebsrat[20] in Verbindung zu setzen, um gemeinsame Lösungen gegenüber der Konzernleitung auszuhandeln. Diese Möglichkeiten bestehen jedoch nur in Unternehmen, in denen Betriebsräte bzw. ein Gesamtbetriebsrat existiert.

Um langfristig den Druck auf die Beschäftigten durch Standortkonkurrenz und -abbau und die damit einhergehenden Abstiegsängste abzubauen, bedarf es einer paritätischen Mitbestimmung in den Unternehmen. Nur wenn Beschäftigte mit ihren Gewerkschaften ihre Interessen zum Erhalt ihrer Arbeitsplätze gleichberechtigt gegenüber den Konzernspitzen wirksam vertreten können und somit aktiv an der Unternehmensentwicklung beteiligt werden, können Abstiegsängste abgebaut werden. Das wäre zugleich ein wichtiger Baustein, um dem mit diesen Ängsten verbundenen Potenzial für rechtsextreme Einstellungen entgegenzuwirken.

---

[20] Ein Gesamtbetriebsrat wird eingerichtet, wenn in einem Unternehmen an verschiedenen Standorten Betriebsräte vorhanden sind. Der Gesamtbetriebsrat ist für Angelegenheiten zuständig, die das gesamte Unternehmen oder mehrere Betriebe betreffen.

4. Strategien im Netz

Rechtsextreme Propaganda trifft im Internet auf einen Nährboden, der durch große Medienkonzerne bereitgestellt und beherrscht wird. Denn diese wollen hauptsächlich die Daten der Nutzer*innen sammeln und für Werbezwecke verwenden. Dies ist sehr kompatibel mit Propaganda, Autoritarismus, Polarisierung und Desinformation. Menschen sind gleichzeitig zu empfänglich für die direkte Ansprache durch diese Medien, und es wurde bislang noch keine wirksame Abwehrstrategie dagegen gefunden. Die wirksamsten Mittel dagegen sind selbstständiges Denken, vorgefertigten Meinungen zu misstrauen und diese zu hinterfragen und letztendlich, sich eigene Urteile zu bilden.

»Soziale Medien« spielen vor dem Hintergrund sinkender Auflagen von Tageszeitungen eine zunehmend relevantere Rolle für die politische Meinungsbildung. Meinungen und Beiträge sind jedoch abgestimmt auf die Empfänglichkeit verschiedener Zielgruppen. So können einfacher manipulative Botschaften in Umlauf gebracht werden, was mit dazu beiträgt, die Reichweite rechtsextremer Propaganda zu erhöhen. Es können »Informationsblasen« entstehen, in denen verschwörungsideologische Inhalte geteilt werden und alles, was im Widerspruch zum eigenen Weltbild steht, ausgeblendet oder sogar zensiert wird. Rechtsextreme koordinieren Online-Kampagnen europaweit.

»Bewährte« Inhalte bzw. Informationsmuster insbesondere zum Thema Migrationsbewegung, die vermeintliche kriegsähnliche Zustände heraufbeschwören soll, werden an örtliche Umstände angepasst, um so die Anhänger*innen vor allem durch den generierten Hass stärker zusammenzuschweißen und ein geschlossenes Weltbild zu generieren. Ein Angriff auf die demokratischen Institutionen lässt sich somit leichter rechtfertigen (vgl. Urlen 2019). Dieser Hass wird nicht nur verbreitet, er wird auch gezielt eingesetzt, um Personen zu diskreditieren oder einzuschüchtern. Dazu gehören unter anderem Hasskommentare.

Diesen muss möglichst widersprochen werden, damit die Diskriminierung, auf die unbedingt hingewiesen werden sollte, sich nicht weiter verfestigt. Falls Unsicherheit zu inhaltlichen Fakten vorliegt, kann sich die Diskussion verändern, wenn nach den Quellen der Beiträge gefragt wird oder Gegenkommentare geliked werden, was eine positivere Debatte ermöglicht. Wichtig ist, dass dabei relevante private Informationen geschützt bleiben, um nicht selbst Opfer von rechter Hetze zu werden. Da es schwierig ist, gegen eine Horde von

Rechtsextremen vorzugehen, kann es hilfreich sein, sich Unterstützung von Freund*innen, Mitkommentierenden oder Initiativen zu suchen (vgl. Amadeu Antonio Stiftung 2019).

Die Betreiber der sozialen Netzwerke gehen gegen Hassreden und Falschinformationen im Netz nur zögerlich vor. Selbst wenn Profile gelöscht werden, sind Hassprediger*innen es gewohnt, neue zu erstellen. Zum einen wollen die Betreiber nicht als Zensoren gelten, zum anderen fehlt ihnen meist fachkundiges Personal. Hetzerische Inhalte bei der Polizei zur Anzeige zu bringen, hilft in den meisten Fällen hauptsächlich nur der Statistik. Verfolgt werden diese Inhalte und Aufrufe zu Straftaten in den »Sozialen Medien« durch die Polizei kaum (vgl. Baldauf et al. 2018).

Um die Anzahl dieser Vergehen zu erfassen, schadet es allerdings nicht, diese polizeilich zu melden. Neben der klassischen Anzeige auf der Polizeiwache in der Stadt oder bei Online-Wachen im Internet, gibt es auch die Möglichkeit, die Hetze anonym zu melden. Dabei ist ein Screenshot mit URL, aber auch das Datum und die Uhrzeit wichtig. Um Rückschlüsse auf den*die Nutzer*in geben zu können, ist zusätzlich ein Screenshot des Profils notwendig, wobei dort ebenfalls die komplette URL-Adresse nicht fehlen sollte. Das Melden solcher Inhalte auf den Social-Media-Plattformen ist ein Weg, die Verbreitung von Hetze und Falschinformationen einzudämmen.

Allerdings dauert es meist einige Zeit, bis es zur Löschung solcher Inhalte kommt. Die Dokumentation dieser Vergehen als Screenshots ist in allen Fällen wichtig, so kann noch nach der Löschung die Tat dokumentiert und nachgewiesen werden. Als relevant erweisen sich alle Daten, die einen Rückschluss auf den Kontext zulassen (wie Website, Tag und Uhrzeit, Autor*in, URL des Profils und Posts; vgl. Amadeu Antonio Stiftung).

Es gibt verschiedene Organisationen, wie etwa den Verband der Recherche- und Informationsstellen Antisemitismus e.V. (RIAS; mehr Infos unter reprort-antisemitism.de) oder die Meldestelle Respect (meldestelle-respekt.de), bei denen Hetze gemeldet werden kann und von denen sie dokumentiert wird. Diese Organisationen versuchen, einen Überblick über die Verbreitung von rechtsextremer beziehungsweise antisemitischer Gewalt in der Bundesrepublik insgesamt und den einzelnen Bundesländern zu bekommen. Einen Überblick über Organisationen, die sich gegen Hass im Netz einsetzen, gibt die Vernetzungsstelle das Nettz (das-nettz.de). Eine direkte Beratung oder die Unterstützung von Betroffenen von Hassreden und Hetze im Internet bietet HateAid (hateaid.org) an.

Rechtsextreme vergiften durch die Verbreitung von Desinformationen beziehungsweise »Fake News« die politische Debatte. Im Netz können sie ihre Propaganda einfach verbreiten und unter die Menschen bringen, was zugleich dazu dient, eine objektive und kritische Berichterstattung zu delegitimieren und diskreditieren. Desinformationen werden vor allem zu Themen gestreut, die starke Emotionen bei Menschen hervorrufen, um sie anschließend zu Handlungen anzustacheln. Menschenfeindliche Erzählungen, die bestimmte Gruppen von Menschen, wie beispielsweise Geflüchtete, entmenschlichen sollen, werden dafür verwendet.

Wenn Desinformationen auf Social-Media-Kanälen auffallen, kann um die Löschung oder zusätzliche Kommentierung gebeten werden. Wenn man selbst von Falschinformationen betroffen ist, gibt es die Möglichkeit, auf Richtigstellung oder Unterlassung zu klagen. Das ist gerade dann lohnend, wenn diese gezielt, absichtlich und mit einer starken Reichweite verbreitet werden. Zusätzlich kann auf eigenen Webseiten, Blogs oder Social-Media-Kanälen eine Stellungnahme veröffentlicht werden, damit bei Suchanfragen im Netz nicht nur die Falschinformationen auftauchen.

Rechtsextreme knüpfen im Netz mit modernem Design und Propaganda an jugendliche Subkulturen, Internetphänomene (Memes, Challanges etc.), Lifestyle oder Musik an, um Menschen für ihre Ziele zu gewinnen. Sie versuchen mit sogenannten Satellitenseiten, Personen weiter in das rechtsextreme Milieu zu ziehen. Diese tragen Namen wie »Deutschland gegen Kindesmissbrauch«. Wichtig ist es, diese Seiten schnell zu finden und darüber aufzuklären, wer mit welchem Hintergrund dahintersteckt. Bei lokalen Gruppen oder Seiten kann es durchaus sinnvoll sein, Bündnisse gegen Rechtsextremismus und andere Organisationen zu informieren und gemeinsam mit den gesammelten Informationen an die Öffentlichkeit zu gehen, damit dies auch auf deren Webseiten und »Social-Media-Accounts« verbreiten wird. Gegebenenfalls ist auch die lokale Presse mit einzubeziehen.

5. Strategien gegen ethnischen Nationalismus

Die größte nichtdeutsche rechtsextreme Bewegung hierzulande sind die »Grauen Wölfe« mit dem Ziel, ein ethnisch-homogenes großtürkisches Reich zu errichten und ihre Gegner*innen zu vernichten. In Deutschland versuchen sie, wie andere ethnisch nationalistische Gruppierungen, mit Desinformationen, Einschüchterung politischer Gegner*innen und Lobbyarbeit ihre Ziele voranzutreiben.

Die Strukturen aufzudecken, ist meist schwierig, da sie sich in Kulturvereinen organisieren. Hinweise darauf kann die Mitgliedschaft in den Dachverbänden Türk Federasyon, ATIB oder ATB geben (vgl. Sendker/Panning 2023; Bozay 2017).

Um gegen ethnischen Nationalismus beziehungsweise Rechtsextremismus in der Einwanderungsgesellschaft vorgehen zu können, ist das Wichtigste, zunächst einmal darüber aufzuklären. Denn es geht hauptsächlich darum, vom ethnischen Nationalismus betroffene Personen darüber zu informieren, welche Organisationen dahinterstecken und welche Gefahren von ihnen ausgehen. Meist wissen lokale migrantische Organisationen, wie beispielsweise der Migrations- und Integrationsrat, die alevitische Gemeinde, kurdische Organisationen etc., welche ethnisch nationalistischen Gruppen es vor Ort gibt. Aber auch Zeitungs- und Internetrecherchen können helfen.

Bei interkulturellen Festen und Veranstaltungen lohnt es sich durchaus, die einzelnen Vereine zu recherchieren, verwendete nationalistische Symbole können hierbei gute Indizien liefern. Gemeinsam mit migrantischen Organisationen und lokalen Bündnissen gegen Rechtsextremismus kann Informationsmaterial erstellt werden und öffentliche Aufklärungsveranstaltungen dazu abgehalten werden. Hat man ethnisch nationalistische Vereine identifiziert, dann wird es wichtig, Gruppen und Organisationen, die mit diesen Vereinen zusammenarbeiten, über deren eigentliche Ziele zu informieren. Außerdem ist es wichtig zu verhindern, dass sie Räumlichkeiten nutzen, in denen sie sich regelmäßig treffen. Daher lohnt es sich Vermieter*innen ausfindig zu machen, die solchen Gruppen Räume anbieten und sie über deren politische Ausrichtung zu informieren.

Aufklärungsarbeit ist jedoch nicht immer einfach. Viele ethnisch nationalistisch eingestellte Menschen mit Migrationshintergrund schließen sich selbst Organisationen wie der NPD oder der AfD an. Dies gilt auch teilweise für die »Russlanddeutschen«, die allerdings auch eigene Parteien und Organisationen haben. Oft existieren Bündnisse zwischen deutschen rechtsextremen Organisationen und migrantisch ethnisch nationalistischen Gruppen. Dieses Netzwerk aufzudecken, erweist sich oft als besonders schwierig und bedarf gezielter Recherchearbeit.

6. Recherche- und Aufklärungsarbeit

Wie bereits erwähnt, sind Recherche- und Aufklärungsarbeit wichtiger Bestandteil, um rechtsextreme Aktivitäten einzudämmen. Denn Rechtsextreme handeln oft verdeckt oder unter dem Radar, um ungestört agieren zu können. Es kann bereits helfen, die Öffentlichkeit darüber aufzuklären, dass die Kneipe nebenan ein regelmäßiger Treffpunkt von Neonazis ist, um Wirt*innen zum Handeln zu bringen. Die gesammelten Fakten dienen auch dazu, die Aktivitäten, Strategien und Strukturen der Rechtsextremen besser einschätzen zu können.

Allerdings sollten die Zusammenhänge gut recherchiert und belegbar sein, weil sonst die eigene Glaubwürdigkeit leidet. Hilfreich bei der Recherche können Hinweise, Gerüchte, rechtsextreme Symbole oder Ähnliches sein. Am Anfang einer Recherche ist es nützlich, Zeitungen vor Ort gründlich auszuwerten, um Hinweise auf rechtsextreme Aktivitäten zu finden. Auf zu genaue Details kann man sich allerdings oft nicht verlassen, da das Thema Rechtsextremismus meist nur ein kurzer »Renner« ist und das Interesse daran schnell wieder abebbt, auch wenn es weiterhin rechtsextreme Aktivitäten gibt.

Auch Rechtsextreme haben Zeitungen, Zeitschriften, Blogs, Social-Media-Auftritte etc., die es ebenfalls lohnt, auszuwerten. Allerdings muss darauf geachtet werden, dass zum Beispiel bei der Bestellung etwa einer rechten Zeitschrift, keine privaten Details oder gar Daten zum eigenen Schutz preisgegeben. Das Gleiche gilt, wenn rechte Newsletter abonniert werden, ggf. müssen dafür E-Mailadressen eingerichtet werden, die keinen Rückschluss auf private Daten zulassen.

Die Beobachtung von Kundgebungen, Aufmärschen oder sonstigen Aktionen von Rechtsextremen kann ebenfalls einen guten Einblick in die Szene geben. Allerdings sollten Besucher*innen sich zum eigenen Schutz unauffällig verhalten und keine auffällige Kleidung tragen. Das Gleiche gilt für das persönliche Verhalten und Auftreten. Kontakt zur Presse oder gar selbst mit einem Presseausweis unterwegs zu sein, erleichtert den Zugang zu Informationen. Insgesamt sollte sich niemand allein und auf eigene Faust zu solchen Veranstaltungen auf dem Weg machen.

Gespräche mit Opfern rechtsextremer Gewalt können wichtige Informationen durch Rückschlüsse zum Beispiel auf das Aussehen oder Auffälligkeiten von Täter*innen geben, denn direkt Betroffene sind oft dazu bereit, sich gemeinsam mit anderen zu organisieren, weil durch institutionalisierten Rassismus rechte Übergriffe häufig mit dem Versuch einhergehen, die Opfer zu kriminalisieren. So wurde beispielsweise im Zusammenhang mit dem »Nationalsozialistischen Untergrund« zuerst im migrantischen Milieu ermittelt, die rassistischen Morde wurden als »Dönermorde« bezeichnet und auf die Weise zugleich stigmatisiert.

Wenn Rechtsextreme vor Gericht erscheinen müssen, kann es hilfreich sein, die Verhandlung zu besuchen. Gerichtsverhandlungen sind in der Regel öffentlich und werden über einen Aushang im Gericht veröffentlicht. Bei dem Prozess können relevante Informationen zur Sprache kommen, durch die Einblicke in Tathergänge oder Beteiligungen ermöglicht werden. Möglichst unauffällig zu bleiben, ist auch hier wichtig.

Es ist immer nützlich, gewonnene Erkenntnisse, Informationen oder Einsichten an engagierte Journalist*innen weiterzugeben. Oft hilft es, persönliche Kontakte zu nutzen und möglichst früh Kontakt aufzunehmen. Insgesamt hilft es, rechtsextreme Netzwerke immer öffentlich zu machen. Der Zeitpunkt dafür sollte aber gut gewählt sein und es müssen Beweise vorliegen. Informationsveranstaltungen, beispielsweise in der Nachbarschaft, können helfen, eine breite Öffentlichkeit aufzuklären. Auch hier lohnt es sich, Pressevertreter*innen einzuladen.

Rechtsextreme versuchen natürlich ebenfalls, Recherchearbeit für ihre Zwecke einzusetzen. Die »Anti-Antifa« etwa geht aktiv gegen Engagierte gegen Rechtsextremismus vor, indem sie deren persönliche private Details veröffentlicht (Kollektiv Schulschluss 2017).

Informationsmaterial stellen auch lokale antifaschistische Archive zur Verfügung wie die *antifaschistische informations-, dokumentations- und archivstelle münchen e.V.* (www.aida-archiv.de), die ihrerseits auf Hinweise über rechtsextreme Aktivitäten in der Region angewiesen sind. Diese Archive sind meist ehrenamtlich organisiert und ermöglich auch den Einblick in rechtsextreme Originalmaterialien. Der weitere Aufbau solcher Archive in Regionen, in denen es noch keine gibt, ist wünschenswert (vgl. Mecklenburg 1996).

7. Zivilgesellschaftliche Gegenstrategien

Neben Recherche- und Aufklärungsarbeit, die wichtige Grundlagen für ein erfolgreiches Engagement gegen die extreme Rechte sind, gibt es noch weitere Ansätze.

Bündnisarbeit
Falls es noch kein aktives Bündnis gegen Rechtsextremismus vor Ort gibt, ist die gemeinsame Gründung eines solchen Bündnisses gemeinsam mit anderen Menschen und gegebenenfalls schon bestehenden Organisationen wie Gewerkschaftsjugendgruppen, Vereinen, Initiativen etc. sinnvoll. Wichtig ist es vorab, verschiedene inhaltliche Fragen anzusprechen und einen gemeinsamen Nenner zu finden. Ansonsten kann das Bündnis von Anfang an gleich scheitern. Vorab zu klären ist ebenfalls, welche Gruppen in das Bündnis aufgenommen werden sollten und welche eher nicht. Um ein Beispiel zu nennen: DITIB, die Türkisch-Islamische Union der Anstalt für Religion, gehört nicht in ein solches Bündnis und könnte es schnell scheitern lassen, auch wenn manche deutsche Behörden mit ihr zusammenarbeiten. Denn dieser Verband untersteht dem Präsidium für religiöse Angelegenheiten und ist direkt dem türkischen Präsidenten unterstellt, der gemeinsam mit Rechtsextremen dort eine Regierung bildet.

Als Start für ein neues Bündnis kann zum Beispiel ein Aktionstag (Gedenktage, Nazi-Aufmärsche, aktuelle tagespolitische Ereignisse) gewählt werden. Es wird allerdings ein langer Atem benötigt und mehr als eine Aktion brauchen, um den Rechtsextremismus aus der Region zu vertreiben. Wichtig ist neben dem Versuch, möglichst viele Menschen zu erreichen und gemeinsam Veranstaltungen und Aktionen zu organisieren, dass innerhalb des Bündnisses darüber informiert und diskutiert wird, was die eigentlichen Treiber des Rechtsextremismus sind. Denn nur so kann nachhaltig eine Veränderung in der Gesellschaft herbeigeführt werden (vgl. Kollektiv Schulschluss 2017).

Verhinderung rechtsextremer Präsenz im öffentlichen Raum
Wenn Rechtsextreme wieder ihre jährlichen Gedenkveranstaltungen vor Ort abhalten oder man die Planung von Aufmärschen mitbekommt, gibt es die Möglichkeit, eigene Kundgebungen an beliebten Plätzen anzumelden, bevor dies die Rechtsextremen tun. Dadurch kann es ggf. gelingen, dass sie ihre Demonstration oder Kundgebung an einen weniger belebten Ort verlegen müssen, wodurch sie weniger Aufmerksamkeit erhalten. Im besten Fall geben sie ganz auf und der Aufmarsch findet nicht statt. Gelingt dies nicht, dann gibt es noch die Möglichkeit, eine Gegenkundgebung anzumelden, um die Rechtsextremen zu übertönen, oder ihren Aufmarsch durch verschiedene Protestaktionen gar zu blockieren. Allerdings muss be-

rücksichtigt werden, dass potenziell Gewalt von Rechtsextremen ausgeht, sodass nie im Alleingang gehandelt werden darf, sondern im besten Fall zusammen mit anderen in einem Bündnis.

Im Wahlkampf verbreiten die Rechtsextremen gerne ihre Propaganda an Infoständen. Auch hier kann Aufklärungsarbeit geleistet werden, indem vor den Wahlkampfständen Infoflyer zum Thema Rechtsextremismus oder zur AfD verteilt werden. Da Rechtsextreme jede Gelegenheit nutzen, Proteste gegen sie zu diskreditieren und etwa Protestierende bei der Polizei wegen vermeintlicher Beleidigung anzuzeigen, sollte man sich auch in diesem Fall nicht provozieren lassen.

Gedenkarbeit

In vielen Gegenden Deutschlands gibt es noch Denkmäler, die deutsche Soldaten aus dem Zweiten Weltkrieg ehren oder umgekehrt diskriminierende Tafeln, die sich gegen Sinti und Roma richten. Hier besteht die Möglichkeit, regelmäßig Gedenkwanderungen in der Region zu organisieren, um solche diskriminierenden Hinweise aufzuspüren, darüber zu informieren und eine Richtigstellung der Tatsachen beziehungsweise eine korrekte historische Einordnung durch eigene Informationstafeln zu erreichen. So wurde im Jahr 2021 von der DGB-Jugend Unter- und Oberfranken mit einer Fotoaktion öffentlich eine »Zigeunertafel« kritisiert, auf der unter anderem behauptet wurde, Sinti und Roma seien im Mittelalter »manchmal zurecht« für Morde beschuldigt worden (vgl. DGB Bayern Region Unterfranken 2021). Solche unkritischen Schautafeln fördern die Verbreitung von antiziganistischem Gedankengut und somit auch von Rechtsextremismus in der Gesellschaft. Mit ihnen wird eine diskriminierende Haltung gegenüber Sinti und Roma legitimiert.

Gedenkstätten und Mahnmäler, die an die Gräueltaten des Nationalsozialismus erinnern, aber auch an andere relevante geschichtliche Ereignisse, liefern wichtige Beiträge gegen Rechtsextremismus. Denn die Auseinandersetzung mit und eine kritische Aufarbeitung der Geschichte erinnern immer wieder daran, was passieren kann, wenn Rechtsextreme an die Macht kommen. Durch die Einbeziehung von Zeitzeug*innen, solange diese noch am Leben sind, kann Geschichte ein Stück weit den Menschen nähergebracht werden.

Außerdem ist es sinnvoll, um an die Geschichte zu erinnern, Gedenkfahrten zu organisieren beziehungsweise für von anderen organisierte Fahrten zu werben. Gewerkschaften und Kirchen, aber auch andere zivilgesellschaftliche Organisationen veranstalten oft vor Ort regelmäßig Gedenkfahrten, zum Beispiel in ehemalige Konzentrationslager. Gedenkarbeit ist insbesondere für die Jugendarbeit relevant. Denn in dieser Lebensphase beginnen Menschen ihr politisches Bewusstsein herauszubilden. Früh genug ein geschichtliches Verständnis über die Folgen von Rechtsextremismus zu bekommen, kann zur Prävention beitragen.

Geschichte und Gedenken kann man auch mit einer Ausstellung direkt zu den Menschen bringen. Es gibt viele verschiedene Themen, die sich eignen, um eine Ausstellung zu organisieren. Orte gibt es ebenfalls einige, die sich anbieten wie zum Beispiel Rathäuser, Schulen, öffentliche Plätze, Universitäten, Kirchen oder Synagogen etc.

Auch Rechtsextreme organisieren Gedenkveranstaltungen. Allerdings geht es dabei in der Regel um die Verherrlichung von ehemaligen Nationalsozialisten oder Ereignissen aus der NS-Zeit. So veranstalten beispielsweise Neonazis jährlich in Wunsiedel ein »Heldengedenken«, um an den Nationalsozialisten Rudolf Heß zu erinnern, der bis 2011 dort begraben war, bis die Grabstätte von der dortigen Kirchengemeinde gekündigt wurde (bt-Redaktion 2022). Damit Rechtsextreme nicht Deutungshoheit über solche Nazi-Verbrecher erlangen und ihre Propaganda vor Ort verbreiten können, ist es wichtig, mit zivilgesellschaftlichem Protest dagegen zu organisieren.

(Bildungs-)Veranstaltungen

Öffentliche Veranstaltungen sind wichtig, um andere Menschen zu informieren und weitere Mitstreitende zu gewinnen. Hierfür gibt es viele verschiedene Formate: So kann man zum Beispiel theoretische und wissenschaftliche Expert*innen einladen, die zu entsprechenden Themen referieren und anschließend darüber diskutieren, man kann Zeitzeug*innen einladen oder auf lokale Probleme aufmerksam machen. Wichtig dabei ist, den sozialen Kontext zu berücksichtigen, um deutlich zu machen, dass Rechtsextremismus nicht auf einzelne Personen zurückzuführen ist, sondern zum Beispiel soziale Ungleichheit oder Ausgrenzung rechtsextremistisches Gedankengut befördern.

Auch Kulturveranstaltungen eigenen sich gut, um auf rechtsextreme Problematiken hinzuweisen und so möglicherweise neue Zielgruppen zu erschließen, wie zum Beispiel mit Musikveranstaltungen, Theatervorführungen, Kabaretteinlagen oder Lesungen. Dies eröffnet auch die Möglichkeit, Anschluss an die lokalen Kulturszenen zu bekommen und diese in den zivilgesellschaftlichen Widerstand gegen Rechtsextremismus einzubeziehen. Denn nur eine demokratische Kultur, an der alle beteiligt sind, kann langfristig diesem den Nährboden entziehen.

8. Vorurteile als Nährboden für Rechtsextremismus

Wissenschaftlich bewiesen wurde, dass durch den Kontakt zu »Fremden« Vorurteile abgebaut werden können. Die Vorurteile beruhen meist auf fehlendem Wissen oder unkorrekter Aufbereitung von Fakten. Durch den Kontakt mit ihnen kann diese Voreingenommenheit abgebaut werden. Allerdings gibt es hierzu einige Voraussetzungen, die erfüllt werden müssen, damit der Abbau von Vorurteilen erfolgreich ist.

Dazu gehören ein gutes Verständnis, ein ähnlicher Status sowie häufige persönliche Begegnungen. Wer mit Kolleginnen oder Kollegen anderer Herkunft als man selbst in einer ähnlichen Tätigkeit zusammenarbeitet und sich mich ihr oder ihm gut versteht, wird ggf. vorhandene Vorurteile rasch abbauen. Negative Erfahrungen dagegen können die Vorurteile bestätigen beziehungsweise noch verstärken. Beispiele hierfür sind große Lager für Geflüchtete oder Wohnviertel, in denen überwiegend soziale Randgruppen in Armut leben. Direkte persönliche Kontakte zu den dort lebenden Menschen finden kaum statt bzw. beschränken sich auf Beobachtungen oder nur kurze Begegnungen. Die in der Regel hohe Polizeipräsenz an solchen Orten bestätigt das Vorurteil, dort sei eine höhere Kriminalität zu erwarten als anderswo.

Allerdings ist die Polizeipräsenz entweder durch eine hohe Armut der dort lebenden Menschen und die dadurch entstehenden Konflikte zu erklären (vgl. Gerau 2021). Hinzu kommt mitunter auch noch »Racial Profiling«, bei denen als migrantisch angesehene Menschen deutlich stärker in das Kontrollraster der Polizei geraten als andere. Diese ganze Dynamik erzeugt einen ständigen Kreislauf von Vorurteilen, den es zu durchbrechen gilt. Rechtsextreme nutzen diesen Nährboden explizit aus, um Stimmung zu machen und klare Grenzen zwischen den »weißen Deutschen« und den »Fremden« zu schüren.

Diskriminierung äußert sich nicht nur in Form von Fremdenfeindlichkeit und Rassismus, sondern auch in Formen von Behinderten-, Frauen- oder Queerfeindlichkeit. Zunächst ist es wichtig, sich der eigenen Vorurteile bewusst zu werden. Viele Menschen neigen dazu, andere vorschnell in bestimmte Schubladen zu verorten, um Situationen besser und schneller einschätzen zu können. Das führt allerdings auch dazu, dass schneller Vorurteile entwickelt werden. Diese bestehen vor allem gegenüber Menschen mit einer (vermeintlichen) anderen Herkunft, sozialen Klasse, Religion, Bildungsstand und auch Geschlecht.

Über solche vorverurteilenden Annahmen sollte besser aktiv nachgedacht und sie korrigiert werden, anstelle vorschnell andere Mitmenschen einzuschätzen, zu bewerten und sich ihnen gegenüber entsprechend zu verhalten. Hinzu kommt, dass wir uns oft innerhalb von diskriminierenden Strukturen wie Gesetzen, Schulen, den Arbeitsplätzen und sogar selbst der Architektur bewegen. Diskriminierung bedeutet, die Weiter- und Wiedergabe von Ungleichheit, die durch die Umstände und Strukturen, in denen wir leben und handeln, bedingt sind. Dies kann dazu führen, dass bestimmte Menschen ausgeschlossen werden.

Dies geschieht vor allem dann, wenn unterschiedliche Nationalität, Geschlecht oder Religion zur Beurteilung von Menschen in den Vordergrund gerückt werden. Dies führt zu einer Annahme über Nähe und Distanz, Zugehörigkeit und Nicht-Zugehörigkeit sowie Ähnlichkeit und Fremdheit. Aus diesem Grund ist es wichtig, regelmäßig Fragen danach zu stellen, warum diese Unterschiede im Alltag so dominiert sind, wer von ihrer Ausnutzung profitiert und wer nicht. Und es muss auch darüber nachgedacht werden, wie jeder selbst in die Diskriminierungsmechanismen eingebunden ist und wie diese auf die Lebenswelt der Betroffenen wirken. Denn es ist durchaus möglich, dass als antidiskriminierend verstandene Handlungen potenziell selbst Ausschlüsse erzeugen (Bauer et al. 2021).

Es gibt Beratungsstellen, die von Diskriminierung betroffenen Menschen helfen. Die Beratungsstelle Antidiskriminierung des Bundes kann eine erste Anlaufstelle sein. Auf ihrer Website (www.antidiskriminierungsstelle.de) gibt es nicht nur weitere Informationen, sondern auch die Möglichkeit, nach lokalen Beratungsstellen zu suchen. In Unternehmen oder Verwaltungen können der Betriebs- oder Personalrat eine erste Anlaufstelle sein, um dort jeweils auch Antidiskriminierungsbeauftragte zu ernennen.

Zu berücksichtigen ist allerdings: Beratung alleine kann die gesellschaftlichen Verhältnisse, die zu Diskriminierungen führen, nicht verändern. Daher muss versucht werden, die für die Diskriminierung verantwortlichen Strukturen zu verändern. Das reicht von der Anpassung des eigenen Verhaltens über Anregungen zu entsprechendem Bewusstsein bei anderen bis hin zur Notwendigkeit von politischen und systemischen Veränderungen.

Dabei kann Arbeit an Empowerment hilfreich sein. Empowerment steht für einen Prozess individueller und kollektiver Selbstermächtigung von marginalisierten bzw. ausgegrenzten Menschen. Dieser besteht zum Beispiel in der Entwicklung von Bewusstsein für strukturelle Diskriminierungsmechanismen und Machtverhältnisse sowie über die Notwendigkeit von Befreiungskämpfen. Hinzu kommt das Teilen von Erfahrungen, Wissen und (Überlebens-)Strategien von Gleichgesinnten, die Befreiung von Abwertungen und Zuschreibungen sowie das Heilen von Erlebnissen von Entrechtung und Marginalisierung. Auch die Bereitstellung von Schutz- und Freiräumen ist eine relevante Möglichkeit von Empowerment (Haug et al. 2021).

9. Parlamentarische Strategien

Um dem rechtsextremen Trend langfristig entgegenzuwirken, müssen auch auf der politischen und parlamentarischen Ebene dringend Lösungen entwickelt werden. Denn die AfD als parlamentarischer Arm der extremen Rechten in Deutschland nutzt das System der liberalen Demokratie aus, um ihren autoritären Umbau voranzutreiben.

Wichtige Mittel gegen die Inszenierung der extremen Rechten im Parlament sind das offene Eintreten für und die Einbringung von pluralistischen und demokratischen Narrativen. Um einer Kaperung der Begriffe von rechts entgegenzuwirken, sollten Werte wie Meinungsfreiheit, Demokratie, Menschenrechte oder solidarische Gesellschaft inhaltlich ausgestaltet werden. Denn die Verwendung von bloßen Worthülsen liefert der extremen Rechten unnötige Angriffsflächen.

Es ist zudem wichtig, dass diese Narrative gemeinsam über alle demokratischen Fraktionen hinweg vertreten werden. Zusätzlich hilft auch die Entwicklung parteiinterner Strategien sowie die Fassung von öffentlich erkennbaren Beschlüssen. Zudem sollte möglichst den Rechtsextremen im Parlament keine Bühne geboten werden und vor allem Diskussionen um Sachthemen geführt werden, anstatt direkte Konfrontationen mit den Rechtsextremen zu suchen.

Mit langen Fragenkatalogen versuchen Rechtsextreme oft die Verwaltung zu beschäftigen. Allerdings sollten deshalb keine Oppositionsrechte eingeschränkt, sondern Lösungen gefunden werden, um Ergebnisse in einem überschaubaren Zeitraum vorzulegen. Die Strategie der Rechtsextremen in den Parlamenten sollte genau untersucht und öffentlich gemacht werden, wenn sie unter anderem mit unterschiedlichem Stimmverhalten in öffentlichen und nicht-öffentlichen Sitzungen agieren, falsche Tatsachenbehauptungen aufstellen, sich als Opfer inszenieren etc. Außerdem versuchen sie regelmäßig, die demokratischen Parteien als Elite darzustellen, wozu sie jedoch vor allem selbst gehören.

Die vermeintlichen »Ausrutscher« von rechten Mandatsträger*innen sollten in deren Ideologie und Parteiprogramme eingeordnet werden. Besonders gefährlich wird es, wenn Stimmen der Rechtsextremen in Abstimmungen genutzt werden, um eigene Vorhaben durchzusetzen, das verschafft ihnen nur weitere Macht und Einfluss. Und es kann auch zu einer »Normalisierung« und somit Legitimierung der Rechtsextremen als vermeintliche demokratische Kraft führen. Dabei dürfen lokale AfD-Fraktionen gegenüber von Landes- oder Bundestagsfraktion und der Gesamtpartei AfD nicht verharmlost werden. Also: Keine gemeinsamen Anträge und Abstimmungen, keine Bildung einer gemeinsamen Zählgemeinschaft, kein Auftritt bei Veranstaltungen, wenn diese von Rechtsextremen organisiert werden.

Bei Anträgen von Rechtsextremen in den Parlamenten kann zwischen unsinnigen, diskriminierenden und rassistischen sowie sachbezogenen Anträgen unterschieden werden. Bei unsinnigen, diskriminierenden und rassistischen Anträgen sollte man immer den falschen Tatsachenbehauptungen und Diskriminierungen widersprechen. Dabei sollte es aber möglichst nur eine Gegenrede der demokratischen Parteien geben, um der Provokation möglichst wenig Aufmerksamkeit zu schenken. Bei sachbezogenen Anträgen sollte die Heterogenität der demokratischen Parteien zur Geltung kommen, um der These der Rechtsextremen von der »Einheitsfront des Establishments« entgegenzuwirken (Amadeu-Antonio-Stiftung 2019; vgl. Schickert 2009).[21]

Wichtig ist außerdem eine Solidarisierung mit Betroffenen von rechtsextremen Schikanen und eine Differenzierung zwischen den Wähler*innen und der rechtsextremen Partei selbst. Die Sorgen der Wähler*innen sollten ernst genommen werden. Denn oft wählen sie rechtsextreme Parteien wegen deren verkürzten und vereinfachten Erklärungen für komplexe Probleme.

Eine weitere Möglichkeit von Parlamentarier*innen gegen Rechtsextremismus vorzugehen, besteht zum Beispiel in der Einrichtung eines Gremiums, mit dem Ziel hat, Diskriminierung, Rassismus und Antisemitismus zu beobachten, öffentlich darüber zu berichten und Gegenmaßnahmen einzuleiten. Zugleich sollte ein Verhaltenskodex

[21] Workshops, Seminare und Fortbildungen zum Umgang mit Rechtsextremismus im Parlament bietet der Bundesverband Mobile Beratung sowie die Träger der Mobilen Beratung in den einzelnen Bundesländern an. Mehr Informationen gibt es unter: www.bundesverband-mobile-beratung.de.

eingeführt werden, der die Möglichkeit bietet, diskriminierende und rassistische Äußerungen in den Debatten zu verhindern. So könnte ein Teilnahmeverbot in Beiräten, Beratungsgremien, Dachverbänden, Kultureinrichtungen oder vergleichbaren Institutionen für rechtsextreme Verbände oder Personen erwirkt werden. Auch Antirassismus-Bestimmungen bei der Unterstützung von zivilgesellschaftlichen Projekten sind ein wirksames Mittel, um die Förderung von rechtsextremen Gruppierungen und Projekten auszuschließen und Fördergelder im Notfall zurückfordern zu können. Der Ausschluss aus parlamentarischen Gremien von Politiker*innen, die sich öffentlich rassistisch oder diskriminierend äußern, ist zwar in der Regel schwerig durchzusetzen, aber ebenfalls möglich.

Vor allem aber sollten Mandatsträger*innen der demokratischen Parteien darauf achten, dass sie in ihrer Kommunikation auf die Chancen von Zuwanderung hinweisen, anstatt mit härteren Gesetzen auf vermeintliche Missstände zu reagieren. Denn dies führt zu einer Steigerung der Diskriminierung von Zugewanderten, was die Bevölkerung empfänglicher für rechtsextreme Rhetorik macht. Zudem sollte auf Maßnahmen verzichtet werden, die nur eine bestimmte Ethnie betrifft, um Vorurteile zu vermeiden. Rechtsextreme Vorfälle sollten durch Politiker*innen nicht relativiert werden, sondern sie müssen die von diesen ausgehenden Gefahren für die Gesellschaft und die Demokratie öffentlich benennen.

Eine weitere Möglichkeit zur Eindämmung von Rechtsextremismus ist die Weiterbildung für Mandatsträger*innen, deren Mitarbeitende und Verwaltungsmitarbeitende durch Nichtregierungsorganisationen, die diese gegenüber Rechtsextremismus und Diskriminierung sensibilisieren. Auch eine verpflichtende Schulung zum Thema Antidiskriminierung, Antirassismus und Antisemitismus innerhalb von Parlamentsverwaltungen kann für ein diskriminierungsfreies Klima hilfreich sein.

Schließlich fördert eine Stärkung der Vernetzung von Kommunen, staatlichen Stellen und Vereinen nicht nur den Erfahrungsaustausch, sondern schafft auch ein regionsübergreifendes Netzwerk gegen rechts. Der Ausbau von Bildungsangeboten zum Thema Rechtsextremismus in den Regionen und Kommunen, aber auch in bestehenden Bildungseinrichtungen wie Schulen oder Weiterbildungszentren ist zudem wichtig, um präventiv gegen Rechtsextremismus vorzugehen (vgl. Kösemen 2009).

9. Zusammenfassung und Ausblick

Rechtsextremismus ist kein Randphänomen, wie dieses Buch hoffentlich verdeutlicht hat. Und es gibt keine einfachen und schnellen Lösungen gegen die damit einhergehenden menschenverachtenden Denkweisen. Die Ursachen sind tief in der Gesellschaft verankert. Sie aus den Köpfen der Menschen herauszubekommen, ist eine schwierige und langwierige Aufgabe, denn es geht bei Erklärungen über die Komplexität der Welt darum, Vorurteile zu hinterfragen und gegen Schubladendenken anzugehen. Wichtig ist es, sich dessen bewusst zu werden und dagegen anzukämpfen.

Mit dem Sozialabbau der letzten Jahrzehnte und der Verankerung des Leistungsgedankens im Sozialsystem wurden wichtige Grundbausteine für den Nährboden des Rechtsextremismus gelegt. Dieser macht sich die Stigmatisierung von Armut und das Ausspielen von Bedürfnissen verschiedener sozialer Gruppen gegeneinander (siehe Hartz-IV-Gesetzgebung), steigende soziale Ungleichheit, Kürzung von Fördermitteln für die politische Bildungsarbeit und eine oft kurzsichtige Politik zunutze.

Kurzsichtigkeit in der Politik entsteht aus dem Wunsch, bei der nächsten Wahl möglichst viele Stimmen zu bekommen, um sich möglichst viele Mandate zu sichern, anstelle langfristige Politik im Sinne der Bevölkerung zu betreiben. Zudem beherrscht die Angst vor dem sozialen Abstieg zu großen Teilen das politische Klima in Deutschland, das die Rechtsextremen zu nutzen wissen. Daher braucht es langfristige Konzepte, die eine umfassende soziale Absicherung für alle bereitstellen, es braucht eine gerechte Verteilung von Vermögen und Einkommen und ein politisches Klima, frei von Diskriminierung und Ausgrenzung, in dem Hoffnung und Perspektiven für die Zukunft nicht verkümmern.

Statt Kapitalgewinne, Vermögen und Einkommen gerecht zu besteuern, spart die Bundesregierung lieber bei den Schwächsten der Gesellschaft und spielt somit verschiedene gesellschaftliche Gruppen gegeneinander aus, wie Sozialhilfeempfänger*innen und Geflüchtete. Was übrig bleibt, ist die Angst, zu kurz zu kommen und weiter abzusteigen. Ein Fundament für eine stabile demokratische Gesellschaft ist das allerdings nicht, sondern befördert weitere Ressentiments. Von einem solchen Politikstil müssen sich die Bundesregierung, aber auch die Landesregierungen und die in den Kommunen Verantwortlichen rasch verabschieden. Statt Standortkonkurrenz und somit den Konkurrenzdruck durch Subventionen zu fördern, müssten Großkonzerne und Kapitalgewinne angemessen besteuert werden (vgl. Bollwein 2023).

So ausweglos unser Kampf gegen die extreme Rechte auch scheint, existiert die Möglichkeit, sich gemeinsam gegen Menschenverachtung zur Wehr zu setzen. Das Aufkommen der Protestdemonstrationen seit dem rechtsextremen Geheimtreffen in Potsdam lässt Hoffnung aufkommen. Um die Proteste zu verstetigen und für andere gesellschaftliche Lösungen einzutreten, müssen wir zusammenhalten und aktiv bleiben sowie die Probleme an der Wurzel packen, statt allein die Symptome zu bekämpfen.

Ausgrenzung und Ungleichheit bilden den Nährboden für die extreme Rechte, den es zu entziehen gilt. Das müssen wir unseren Mitmenschen, aber auch uns selbst bewusst machen. Empowerment, Selbstbestimmung und Mitbestimmung spielen dabei eine wichtige Rolle. Aber auch Aufklärung und Bildungsarbeit wirken den Verschwörungserzählungen der Rechtsextremen entgegen. Dabei gilt es, alle gesellschaftlichen Gruppen zu erreichen, was sicherlich eine große Herausforderung ist. Denn vor allem Menschen in prekären Lebenslagen sind damit konfrontiert, ihre Existenz zu sichern und haben kaum Zeit, sich weiterzubilden. Ein bezahlter Bildungsurlaub für alle mit entsprechenden Angeboten, den es in unterschiedlichen Ausprägungen in allen Bundesländern bis auf Sachsen und Bayern bereits gibt, ist sicherlich eine Möglichkeit, dem entgegenzuwirken – wenn er denn auch gefördert und genutzt wird.

Auch Recherche und Informationsarbeit im Kampf gegen den Rechtsextremismus lohnt sich. Denn es ist wichtig, dass die Gesellschaft über die Aktivitäten von Rechtsextremen informiert bleibt, um ihren Einflussradius einzudämmen. Das Förderprogramm »Demokratie Leben« ist hier bereits ein guter Ansatz, der allerdings ausgebaut und verstetigt werden sollte.

Letztendlich können wir Rechtsextremismus nur durch das aktive Leben von Demokratie und Teilhabe langfristig eindämmen. Denn die aktuell häufig zu beobachtende Politikverdrossenheit ist ein weiterer Nährboden für die extreme Rechte und deren Hetze. Frustration über schlecht handelnde Politiker*innen und die wahrgenommene Einflusslosigkeit führen dazu, dass schnell nach einer Autorität gerufen wird, die scheinbar alles regelt. Das eigene Handeln wird als einflusslos und nicht relevant erlebt, es erscheint daher vielen Menschen einfacher, die Entscheidungs- und Handlungskompetenz an eine oder mehrere übergeordnete vermeintliche starke, oft aber autoritäre Personen zu übertragen.

Wenn die meiste Zeit, die wir tagtäglich in Unternehmen oder Verwaltungen damit verbringen, Dienstanweisungen der Vorgesetzten auszuführen, und wenn wir keinen eigenen Handlungsspielraum haben, das Gesamtgeschehen unserer Arbeitswelt zu beeinflussen, wie sollen wir dann lernen, was Demokratie ist?

Da hilft es nicht, einmal alle vier Jahre zur Wahl zu gehen, um danach frustriert über die Entscheidungen der Regierung zu schimpfen. Anstatt Mehrheiten in Machtkämpfen auszufechten, ist es wichtiger, auf demokratische Entscheidungen zu setzen, die auf einem breiten Konsens basieren. So können auf der einen Seite stabilere und langfristigere Entscheidungen getroffen werden und andererseits kann so dem Rechtspopulismus und vor allem dem Rechtsextremismus der Nährboden entzogen werden. Denn diese leben nicht von sinnvollen Lösungsvorschlägen, sondern von Schuldzuschreibungen gegen politische Gegner*innen.

In Kanada gibt es zwei Bundesländer – in den Nordwest-Territorien und in Nunavut – in denen unabhängige Kandidat*innen gewählt werden können, die sich nicht nach Parteien organisieren. Der Konsens basiert dort darauf, dass Debatten und schließlich auch Entscheidungen nicht ideologisch herbeigeführt werden, sondern themenorientiert (vgl. Henderson 2004). Von solchen Beispielen können und sollten wir lernen.

Literatur

Adorno, Theodor W. et al. (1950): The authoritarian personality. New York.

Adorno, Theodor W. (1997): Minima Moralia. Reflexionen aus dem beschädigten Leben, in: Tiedemann, Rolf (Hrsg.), Gesammelte Schriften, Band 5. Frankfurt a.M.

Amadeu-Antonio-Stiftung (2013): Das können Sie gegen Hate Speech tun. Gemeinsam für eine demokratische Debattenkultur im Internet. In: Dies.; www.amadeu-antonio-stiftung.de/digitale-zivilgesellschaft/das-koennen-sie-tun/ (15.10.2023).

Amadeu-Antonio-Stiftung (2019): Demokratie in Gefahr. Handlungsempfehlungen zum Umgang mit der AfD. In: Dies.; www.amadeu-antonio-stiftung.de/wp-content/uploads/2020/01/Demokratie_in_Gefahr_web.pdf (6.2.2024).

Amadeu-Antonio-Stiftung (Hrsg.): no-nazi.net. Digitale Handlungsstrategien gegen Rechtsextremismus. In: Dies.; www.amadeu-antonio-stiftung.de/w/files/pdfs/no_nazi_net_digitale_handlungsstrategien.pdf (27.9.2023).

Arslan, Emre (2017): Nationalismus und Autoritarismus auf Türkisch. In: Bundeszentrale für politische Bildung vom 24.11.; www.bpb.de/themen/rechtsextremismus/dossier-rechtsextremismus/260337/nationalismus-und-autoritarismus-auf-tuerkisch/ (23.6.2022).

Avramov, Kiril/Gatov, Vasily/Yablokov, Ilya (2021): Conspiracy Theories and Fake News, in: Butter, Michael/Knight, Peter (Hrsg.), Routledge Handbook of Conspiracy Theories. London.

Baldauf, Johannes/Ebner, Julia/Jakob Guhl (Hrsg.) (2018): Hassrede und Radikalisierung im Netz. Der OCCI-Forschungsbericht (Online Civil Courage Initiative). London – Washington DC – Beirut – Toronto: ISD (Institute for Strategic Dialogue); www.isdglobal.org/wp-content/uploads/2018/09/ISD-NetzDG-Report-German-FINAL-26.9.18.pdf (5.4.2024).

Barkun, Michael (2003): A Culture of Conspiracy. Apocalyptic Visions in Contemporary Amerika. Berkeley.

Bauer, Gero/Kechaja, Maria/Engelmann, Sebastian/Haug, Lean (2021): Diskriminierung und Dies. (Hrsg.), Diskriminierung und Antidiskriminierung. Beiträge aus Wissenschaft und Praxis. Bielefeld, S. 7–20.

Baumgärtner, Maik (2014): Rechtsrock: Millionen mit Hass. In: Bundeszentrale für politische Bildung vom 13.11.; www.bpb.de/themen/rechtsextremismus/dossier-rechtsextremismus/185061/rechtsrock-millionen-mit-hass/ (2.12.2022).

Baeck, Jean-Philipp/Speit, Andreas (2022): Rechtes Schloss in Sachsen. Ein Königreich für einen Koch. In: taz vom 31.5.; taz.de/Rechtes-Schloss-in-Sachsen/!5854946/ (24.6.2022).

Berlit, Uwe (2009): Rechtsextreme Demonstrationen: Juristische Aspekte des adäquaten Umgangs mit rechtsextremen Versammlungen und Aufmärschen, in: Molthagen, Dietmar/Korgel, Lorenz (Hrsg.): Handbuch für die kommunale Auseinandersetzung mit Rechtsextremismus. Berlin, S. 109–143.

Best, Heinrich (2016): Trends und Ursachen des Rechtsextremismus in Ostdeutschland, in: Frindte, W. et al. (Hrsg.): Rechtsextremismus und »Nationalsozialistischer Untergrund«. Interdisziplinäre Debatten, Befunde und Bilanzen. Wiesbaden, S. 119-130.

Blickle, Paul/Ehmann, Annick/Faigle, Philip/Kopatzki, Julia/Möller, Christopher/Stahnke, Julian/Tröger, Julius (2021): Soziale Ungleichheit. Wie wohlhabend sind Sie? In: Zeit online vom 24.3 www.zeit.de/wirtschaft/2021-02/soziale-ungleichheit-armut-reichtum-schichten-rechner-studie-deutschland (14.1.2022).

Böcking, David/Hesse, Martin (2018): Falsche Selbsteinschätzung. Warum Merz nicht zur Mittelschicht gehört. In: SpiegelOnline vom 15.11.; www.spiegel.de/wirtschaft/soziales/friedrich-merz-warum-er-nicht-zur-mittelschicht-gehoert-a-1238635.html (24.1.2022).

Böhnke, Petra (2007): Solidarität im Wohlfahrtsstaat – Prekäre Lebenslagen und soziale Integration, in: Lüdicke, Jörg/Diewald, Martin (Hrsg.): Soziale Netzwerke und soziale Ungleichheit. Zur Rolle von Sozialkapital in modernen Gesellschaften. Wiesbaden, S. 235–263.

Bollwein, Thomas (2023): Der Einfluss wohlfahrtsstaatlicher Institutionen auf rechtsextreme Einstellungen. Eine Mehrebenenanalyse. Wiesbaden.

Bozay, Kemal (2017): Graue Wölfe – die größte rechtsextreme Organisation in Deutschland. In: Bundeszentrale für politische Bildung vom 24.11.; www.bpb.de/themen/rechtsextremismus/dossier-rechtsextremismus/260333/graue-woelfe-die-groesste-rechtsextreme-organisation-in-deutschland/ (21.6.2022).

Brinckmeier, Kai/Miller, Jonas (2016): Braune Musik. Was Neonazis hören. In: BR24 vom 9.1.; www.br.de/nachricht/rechtsaussen/rechtsextremismus-extremismus-musik-100.html (15.12.2022)

Bt-Redaktion (2022): Neonazis ziehen zum »Heldengedenken« durch Oberfranken: Bürger gegen Rechtsextremismus. In: Bayreuther Tagblatt vom 14.11.; www.bayreuther-tagblatt.de/nachrichten-meldungen-news/wunsiedel-antifa-der-iii-weg-demo-protestaktion-neonazis/ (31.10.2023).

Bundeszentrale für politische Bildung (2014): Rechtsextremes Verhalten: Symbole und Codes. In: Dies. vom 28.7.; www.bpb.de/lernen/angebote/grafstat/rechtsextremismus/172885/m-02-10-rechtsextremes-verhalten-symbole-und-codes/ (21.11.2022).

Bundeszentrale für politische Bildung (2016): Was liest der rechte Rand? In: Dies.; www.bpb.de/themen/rechtsextremismus/dossier-rechtsextremismus/239188/was-liest-der-rechte-rand/ (2.6.2022).

Bundeszentrale für politische Bildung (2022): Die Wannseekonferenz. In: Dies. vom 19.1.; www.bpb.de/kurz-knapp/hintergrund-aktuell/240926/die-wannseekonferenz/ (5.2.2024).

Butter, Michael (2021): Verschwörungstheorien: Eine Einführung. In: Aus Politik und Zeitgeschichte, Nr. 35–36.
Clemens, Dominik (2017): Politische Segregation. Rechtsextreme »russlanddeutsche« Milieus und ihre (gescheiterte) Organisierung, in: Bozay, Kemal/Borstel, Dirk (Hrsg.), Ungleichwertigkeitsideologien in der Einwanderungsgesellschaft. Wiesbaden, S. 195–202.
Colorful-germany: Rechtsextreme Zeichen und Symbole. In: Dass.; colorfulgermany.de/wiki/rechtsextreme-symbole-und-zeichen/ (18.11.2022).
Compact Education Group (2020): Leitfaden Verschwörungstheorien. European Cooperation in Science and Technology. In: Conspiracy Theories vom April; conspiracytheories.eu (25.2.2022).
Demling, Alexander (2014): Bayreuth schließt Burschenschaft vom Volkstrauertag aus. In: Der SpiegelOnline vom 21.10.; www.spiegel.de/lebenundlernen/uni/nsu-naehe-bayreuth-schliesst-burschenschaft-vom-volkstrauertag-aus-a-998317.html (3.6.2022).
Der rechte Rand. Das antifaschistische Magazin (Hrsg.) (2020): Das IfS. Faschist*innen des 21. Jahrhunderts. Einblicke in 20 Jahre »Institut für Staatspolitik«. Hamburg.
DGB Bayern Region Unterfranken (2021): Schilderaktion gegen Antiziganismus. In: Ders. vom 9.9.; unterfranken.dgb.de/dgb-jugend/++co++136c166e-1161-11ec-92cb-001a4a160123 (27.10.2023).
Dörre, Klaus (2012): Prekäre Arbeit und gesellschaftliche Integration – Empirische Befunde und integrationstheoretische Schlussfolgerungen, in: Heitmeyer, Wilhelm/Imbusch, Peter (Hrsg.): Desintegrationsdynamiken. Integrationsmechanismen auf dem Prüfstand. Wiesbaden, S.29-56.
Dörre, Klaus (2019): Die neuen Vagabunden. Prekarität in reichen Gesellschaften, in: Bittlingmayer, Uwe H. et al. (Hrsg.): Handbuch Kritische Theorie. Wiesbaden, S. 953-980.
Dörre, Klaus et al. (2006): Prekäre Beschäftigungsverhältnisse – Ursachen von sozialer Desintegration und Rechtsextremismus. Bielefeld: Universität Bielefeld.
Elsholz, Uwe/Jaich, Roman/Neu, Ariane (2018): Folgen der Akademisierung der Arbeitswelt. Wechselwirkungen von Arbeits- und Betriebsorganisation, betriebliche Qualifizierungsstrategien und Veränderungen im Bildungssystem. Edition Hans-Böckler-Stiftung, Nr. 401.
Falter, Jürgen W. (1981): Radicalization of the middle classes or mobilization of the unpoliticals? In: Social Science Information, Vol. 20, No. 2, S. 389–430.
Fichter, Michael/Stöss, Richard/Zeunter, Bodo (2004): Ausgewählte Ergebnisse des Forschungsprojekts »Gewerkschaften und Rechtsextremismus«. In: Fachbereich Politik- und Sozialwissenschaften, FU Berlin; www.polsoz.fu-berlin.de/polwiss/forschung/oekonomie/gewerkschaftspolitik/materialien/GEWREXSCHLUSS/pm_und_kurz/Ergebnispapier-Workshop.pdf (7.10.2022).

Flad, Henning (2014): Verklausulierte Volksverhetzung: Die vermeintliche Entschärfung von Rechtsrock-Texten. In: Bundeszentrale für politische Bildung vom 13.11.; www.bpb.de/themen/rechtsextremismus/dossier-rechtsextremismus/185062/verklausulierte-volksverhetzung-die-vermeintliche-entschaerfung-von-rechtsrock-texten/ (2.12.2022).

Frankfurter Allgemeine Zeitung (2016): Kinder nein, Frauen ja. AfD-Vize von Storch schränkt Forderungen nach Schießbefehl ein. In: FAZ vom 31.1.; www.faz.net/aktuell/politik/fluechtlingskrise/afd-vize-beatrix-von-storch-schraenkt-aeusserung-zu-schiessbefehl-ein-14045029.html (22.11.2021).

Fromm, Sabine/Sproß, Cornelia (2008): Aktivierende Arbeitsmarktpolitik. Wie wirken Programme für erwerbsfähige Hilfeempfänger in anderen Ländern? IAB-Kurzbericht Nr. 4/2008.

Funke, Hajo (2021): Die Höcke-AfD. Eine rechtsextreme Partei in der Zerreißprobe. Aktualisierte Ausgabe. Eine Flugschrift. Hamburg.

Gerau, Jasmin (2021): Einstellungen zur Immigration in Deutschland, in: Tausendpfund, Markus (Hrsg.), Empirische Studien lesen. Einführung in die Praxis der quantitativen Forschung. Wiesbaden, S. 107–134.

GESIS - Leibniz-Institut für Sozialwissenschaften (2019): Allgemeine Bevölkerungsumfrage der Sozialwissenschaften ALLBUS 2018. GESIS Datenarchiv, Köln. ZA5270 Datenfile Version 2.0.0, https://doi.org/10.4232/1.13250.

Gröschel, Uta (2012): Stopp, so nicht! Über den Umgang mit rechtsextremen Äußerungen. In: Gelbe Hand vom Oktober; www.gelbehand.de/fileadmin/user_upload/download/bildungsmaterial/Stopp_so_nicht.pdf (11.11.2022).

Grumke, Thomas (2006): Die transnationale Infrastruktur der extremistischen Rechten, in: Greven, Thomas/Grumke, Thomas (Hrsg.), Globalisierter Rechtsextremismus. Die extremistische Rechte in der Ära der Globalisierung. Wiesbaden, S. 130–159.

Hafeneger, Benno/Jestädt, Hannah/Klose, Lisa-Marie/Lewek, Philine (2018): AfD in Parlamenten: Themen, Strategien, Akteure. Frankfurt a. M.

Haug, Lean/Strähle, Borghild/Kechaja, Maria (2021): Antidiskriminierung im Zusammenspiel von Beratung und Empowerment, in: Bauer, Gero et al. (Hrsg.), Diskriminierung und Antidiskriminierung. Beiträge aus Wissenschaft und Praxis. Bielefeld, S. 23–42.

Heitmeyer, Wilhelm (2018): Autoritäre Versuchungen. Berlin.

Henderson, Alisa (2004): Northern political culture?: Political behaviour in Nunavut. In: Études/Inuit/Studies, Vol. 28, No.1, S. 133–154.

Hüllen, Michael/Homburg, Heiko (2017): »Reichsbürger« zwischen zielgerichtetem Rechtsextremismus, Gewalt und Staatsverdrossenheit, in: Wilking, Dirk (Hrsg.), »Reichsbürger«. Ein Handbuch. Potsdam, S. 15–53.

Verfassungsschutz Nordrhein-Westfalen (2008): Musik – Mode – Markenzeichen: Rechtsextremismus bei Jugendlichen, in: Ministerium für Inneres und Kommunales des Landes Nordrhein-Westfalen; www.im.nrw/sites/

default/files/media/document/file/Brosch%C3%BCre_Musik-Mode-Markenzeichen_0.pdf (15.3.2024).

Jagers, Jan/Walgrave, Stefaan (2007): Populism as political communication style: An empirical study of political parties` discourse in Belgium. In: European Journal of Political Research, Vol. 46, No. 3, S, 319–345.

Jaschke, Hans-Gerd (2016): Strategien der extremen Rechten in Deutschland nach 1945, in: Virchow, Fabian/Langebach, Martin/Häusler, Alexander (Hrsg.), Handbuch Rechtsextremismus. Wiesbaden, S. 115–134.

Kempen, Aiko (2022): AfD-nahe Stiftung: Jetzt muss das Verfassungsgericht wieder ran. In: Frag den Staat vom 22.3.; fragdenstaat.de/blog/2022/03/22/des-erasmus-verfassungsgericht-eilantrag/ (1.6.2022).

Klein, Markus (2020): Freie Liste distanziert sich von Neonazi. In: inFranken vom 24.2.; www.infranken.de/inhaltefuerftde/bamberg/freie-liste-schesslitz-distanziert-sich-von-neonazi-art-4910119 (11.4.2024).

Klimeniouk, Nikolai (2018): Nationalismus und Rassismus bei »Russlanddeutschen«? In: Bundeszentrale für politische Bildung vom 18.1.; www.bpb.de/themen/rechtsextremismus/dossier-rechtsextremismus/260496/nationalismus-und-rassismus-bei-russlanddeutschen/ (23.6.2022).

Klose, Bianca/Richwin, Sven (2016): Organisationsformen des Rechtsextremismus, in: Virchow, Fabian et al. (Hrsg.), Handbuch Rechtsextremismus. Wiesbaden, S. 205–224.

Kollektiv Schulschluss (2017): Tipps und Tricks für ANTIFAs und ANTIRAs. Münster.

Kösemen, Orkan (2009): Strategien gegen die radikale Reche in Europa. In: Bertelsmann Stiftung; www.bertelsmann-stiftung.de/fileadmin/files/BSt/Publikationen/GrauePublikationen/GP_Strategien_gegen_die_radikale_Rechte.pdf (7.2.2009).

Kraemer, Klaus/Speidel, Frederic (2005): Prekarisierung von Erwerbsarbeit. Zur Transformation des arbeitsweltlichen Integrationsmodus, in: Heitmeyer, Wilhelm/Imbusch, Peter (Hrsg.): Integrationspotenziale einer modernen Gesellschaft. Wiesbaden: Verlag für Sozialwissenschaften, S. 367–390.

Krell, Christian/Meyer, Thomas/Mörschel, Tobias (2012): Demokratie in Deutschland. Wandel, aktuelle Herausforderungen, normative Grundlagen und Perspektiven, in: Mörschel, Tobias/Krell, Christian (Hrsg.), Demokratie in Deutschland. Zustand – Herausforderungen – Perspektiven. Wiesbaden, S. 9–30.

Kurth, Alexandra/Weidinger, Bernd (2017): Burschenschaften: Geschichte, Politik und Ideologie. In: Bundeszentrale für politische Bildung vom 26.9.; www.bpb.de/themen/rechtsextremismus/dossier-rechtsextremismus/256889/burschenschaften-geschichte-politik-und-ideologie/#footnote-target-27 (3.6.2022).

Lamberty, Pia/Rees, Jonas H. (2021): Gefährliche Mythen: Verschwörungserzählungen als Bedrohung für die Gesellschaft, in: Schröter, Franziska

(Hrsg.), Die geforderte Mitte. Rechtsextreme und demokratiegefährdende Einstellungen in Deutschland 2020/21. Bonn, S. 283–300.

Lipset, Seymour Martin (1967): Der »Faschismus«, die Linke, die Rechte und die Mitte, in: Nolte, Ernst (Hrsg.): Theorien über den Faschismus. Köln, Berlin.

Lutzke, Lauren/Drummond, Caitlin/Slovic, Paul/Árvai, Joseph (2019): Priming critical thinking: Simple interventions limit the influence of fake news about climate change on Facebook. In: Global Environmental Change, Vol. 58.

Mecklenburg, Jens (Hrsg.) (1996): AntifaReader. Antifaschistisches Handbuch und Ratgeber. Berlin.

MDR (2021): Querelen um den Thüringer Ministerpräsidenten. Die Wahl von Thomas Kemmerich und der historische Vergleich zur NSDAP. In: Ders. vom 23.2.; www.mdr.de/geschichte/kemmerich-thueringen-ministerpraesident-nsdap-100.html (2.6.2022).

Miller, Dennis (2009): Immobiliengeschäfte mit rechtsextremistischem Hintergrund, in: Molthagen, Dietmar; Korgel, Lorenz (Hrsg.), Handbuch für die kommunale Auseinandersetzung mit Rechtsextremismus. Berlin.

Möhring, Kerstin (2020): Rechtsextreme Zeichen und Symbole. Wiedererkennen und Sympathieausdruck zwischen Rechtsextremen national und international. In: Schule ohne Rassismus; www.schule-ohne-rassismus-thueringen.de/workspace/media/documents/rechtsextreme-zeichen-und-symbole-vortrag-dr.-kerstin-moehring.pdf (29.11.2022).

Molthagen, Dietmar/Korgel, Lorenz (2009): Der Umgang mit rechtsextremen Immobiliengeschäften. Interview mit Reinhard Koch (ARUG, Braunschweig), in: Molthagen, Dietmar/Korgel, Lorenz (Hrsg.), Handbuch für die kommunale Auseinandersetzung mit Rechtsextremismus. Berlin, S. 183–191.

Mudde, Cas (2007): Populist radical right parties in Europe. New York.

Neumann, Felix (2022): Rechtsextreme Codes. In: Konrad Adenauer Stiftung; www.kas.de/de/web/extremismus/rechtsextremismus/rechtsextreme-codes (21.11.2022).

Oepke, Maren (2005): Rechtsextremismus unter Ost- und Westdeutschen Jugendlichen. Einflüsse von gesellschaftlichem Wandel, Familie, Freunden und Schule. Opladen: Budrich.

Oltmer, Jochen (2017): Globale Migration. Geschichte und Gegenwart. Bonn.

Ohse, Karl-Georg (2009): Total normal? Unterwanderungsversuche in der Kommune durch Rechtsextremisten, in: Molthagen, Dietmar/Korgel, Lorenz (Hrsg.), Handbuch für die kommunale Auseinandersetzung mit Rechtsextremismus. Berlin, S. 209–223.

Ortner, Martina (2017): Heimatliebe, Nationalstolz und Rassismus – Einzelmeinung oder Trend? Extrem rechte politischen Weltanschauungen von Migrant_innen (in München), in: Bozay, Kemal/Borstel, Dirk (Hrsg.), Ungleichwertigkeitsideologien in der Einwanderungsgesellschaft. Wiesbaden, S. 235–260.

Paugam, Serge (2008): Die elementaren Formen der Armut. Hamburg.

Peter, Erik/Riese, Dinah (2018): Faschistische Symbole erkennen. Keine Wonne mit Nazisonne. In: taz vom 26.6; taz.de/Faschistische-Symbole-erkennen/!5512652/ (29.11.2022).

Pfahl-Traughber, Armin (2020): Der Einzeltäter im Terrorismus. Definition, Fehldeutungen, Typologie, Zusammenhang. In: Bundeszentrale für politische Bildung vom 28.1.; www.bpb.de/themen/rechtsextremismus/dossier-rechtsextremismus/304169/der-einzeltaeter-im-terrorismus/ (27.6.2022).

Puls, Hendrik (o.J.): Rechtsmotivierte »Einzeltäter« in Deutschland. In: Institut für Demokratie und Zivilgesellschaft; www.idz-jena.de/fileadmin/user_upload/PDFS_WsD6/11_Puls.pdf (27.6.2022).

Raabe, Jan (2017): Die neonazistische Musik-Szene: Transnational wie nie. In: Bundeszentrale für politische Bildung vom 8.8.; www.bpb.de/themen/rechtsextremismus/dossier-rechtsextremismus/253972/die-neonazistische-musik-szene-transnational-wie-nie/ (2.12.2022).

Rada, Uwe (2017): Nationalbewusst und reaktionär. Polnische Rechtsextremisten in Deutschland, in: Bozay, Kemal/Borstel, Dierk (Hrsg.), Ungleichwertigkeitsideologien in der Einwanderungsgesellschaft. Wiesbaden, S. 184–197.

Radke, Johannes (2015): Völkische Enklaven nach NS-Vorbild mitten in Deutschland. Interview mit Elisabeth Siebert. In: Bundeszentrale für politische Bildung vom 10.9.; www.bpb.de/themen/rechtsextremismus/dossier-rechtsextremismus/211920/voelkische-enklaven-nach-ns-vorbild-mitten-in-deutschland/ (24.6.2022).

Rathje, Jan (2021): »Reichsbürger« und Souveränismus. In: Aus Politik und Zeitgeschichte, 35–36/2021, S. 34–40.

Rippl, Susanne et al. (2012): Desintegration, Deprivation und die Erklärung rechtsextremer Einstellungen – Befunde zur EU-Osterweiterung, in: Heitmeyer, Wilhelm/Imbusch, Peter (Hrsg.): Desintegrationsdynamiken. Integrationsmechanismen auf dem Prüfstand. Wiesbaden: Springer VS, S. 289–315.

Ritzmann, Alexander/Schindler, Hans-Jakob (2021): Die neue transnationale Dimension des Rechtsextremismus. In: Heimatkunde – Heinrich Böll Stiftung vom 14.4.; heimatkunde.boell.de/de/2021/04/14/die-neue-transnationale-dimension-des-rechtsextremismus (8.6.2022).

Röhling, Marc (2019): Was ein Experte für Nazi-Liedgut zu Andreas Gabalier sagt. »Eine gewollte Provokation.« In: SpiegelOnline vom 8.2.; www.spiegel.de/panorama/ist-andreas-gabalier-rechts-experte-fuer-nazi-liedgut-analysiert-seine-texte-a-7c6cbf73-b4f2-4505-95d3-78160bd56e53 (15.12.2022).

Salzborn, Samuel (2018): Rechtsextremismus. Erscheinungsformen und Erklärungsansätze. Baden-Baden.

Salzborn, Samuel (2021): Verschwörungsmythen und Antisemitismus. In: Aus Politik und Zeitgeschichte, 35–36/2021, S. 41–47.

Savory-Gordon, Linda (2003): Spillover Effects of Increased Workplace Democracy at Algoma Steel on Personal, Family, and Community Life. Bristol.

Schäfers, Burkhard (2019): Influencer der »Neuen Rechten«. In: Deutschlandfunk vom 21.5.2019; www.deutschlandfunk.de/soziale-medien-influencer-der-neuen-rechten-100.html (03.06.2022).

Schickert, Petra (2009): Rechtsextreme Fraktionen in Kommunalparlamenten in: Molthagen, Dietmar/Korgel, Lorenz (Hrsg.), Handbuch für die kommunale Auseinandersetzung mit Rechtsextremismus. Berlin, S. 225–235.

Schmidt, Anna (2014): Völkische Siedler/innen im ländlichen Raum. Basiswissen und Handlungsstrategien. Berlin.

Sendker, Marion/Panning, Jonas (2023): Empörung um Özil-Tattoo. Die Grauen Wölfe und der Traum vom großtürkischen Reich. In: Deutschlandfunk vom 24.7.; www.deutschlandfunk.de/graue-woelfe-in-deutschland-der-traum-vom-grosstuerkischen-100.html (25.10.2023).

Stöss, Richard (2010): Rechtsextremismus im Wandel. Berlin: Friedrich-Ebert-Stiftung.

Stöss, Richard (2015): Rechtsextremismus. Kritische Anmerkungen zur Verwendung des Extremismuskonzepts in den Sozialwissenschaften. In: Bundeszentrale für politische Bildung; www.bpb.de/themen/rechtsextremismus/dossier-rechtsextremismus/200099/kritische-anmerkungen-zur-verwendung-des-extremismuskonzepts-in-den-sozialwissenschaften/ (15.3.2024).

Strobl, Rainer/Lobermeier; Olaf (2009): Die Problemstellung: Rechtsextremismus in der Kommune, in: Molthagen, Dietmar/Korgel, Lorenz (Hrsg.), Handbuch für die kommunale Auseinandersetzung mit dem Rechtsextremismus. Berlin, S. 15–27.

SWR 2 (1987): Franz Josef Strauß: »Rechts von der CSU …« In: Südwestdeutscher Rundfunk vom www.swr.de/swr2/wissen/archivradio/franz-josef-strauss-1987-rechts-von-der-csu-100.html (9.4.2024).

Tagesspiegel (2019): »Wolf-im-Schafpelz-Masche«. Rechtsextreme treten auf bürgerlichen Tarnlisten an. In: Ders. vom 15.5.; www.tagesspiegel.de/politik/wolf-im-schafspelz-masche-rechtsextreme-treten-auf-buergerlichen-tarnlisten-an/24342068.html (1.6.2022).

Tagesschau (2024): AfD-Politiker diskutieren offenbar Vertreibungsplan. In: Dies. vom 10.1.; www.tagesschau.de/inland/innenpolitik/afd-neonazis-geheimtreffen-100.html (5.2.2024).

Urlen, Marc (2019): Strategien gegen Netzpopulismus. In: Belltower News vom 2.8.; www.belltower.news/analyse-strategien-gegen-netzpopulismus-88849/ (16.12.2022).

Vaillant, Nikita (2021): Die größte rechtsradikale Organisation Deutschlands kommt aus der Türkei. Werden die »Grauen Wölfe« bald verboten? Gespräch mit dem Sozialwissenschaftler Kemal Bozay. In: Fluter vom 8.1.; www.fluter.de/graue-woelfe-kurz-erklaert (21.6.2022).

ver.di Landesbezirk Bayern (2021): Betriebsratswahl 2022. Ein guter Job ohne Demokratiefeinde; bayern.verdi.de/++file++61b71f7c51b027e41d4eb971/download/211121__Handlungshilfe_Betriebsr%C3%A4te%20ohne%20Demokratiefeinde_%20V7.pdf (14.10.2022).

Weiß, Volker (2016): Bedeutung und Wandel von »Kultur« für die extreme Rechte, in: Virchow, Fabian et al. (Hrsg.), Handbuch Rechtsextremismus. Wiesbaden, S. 441–46.

Zick, Andreas et al. (2017): Von hohem Ausgrenzungswert. Menschenfeindliche und rechtsextreme Einstellungen in Deutschland, in: Glaser, Stefan/Pfeiffer, Thomas (Hrsg.): Erlebniswelt Rechtsextremismus. Modern – subversiv – hasserfüllt. Hintergründe und Methoden für die Praxis der Prävention. Schwalbach, S. 65–86.

Zick, Andreas et al. (2019): Zerreißproben und Normalitätsverluste der Gesellschaft – eine Hinführung zur Mitte-Studie. In: Schröter, Franziska (Hrsg.): Verlorene Mitte – Feindselige Zustände. Rechtsextreme Einstellungen in Deutschland 2018/2019. Bonn.

Zick, Andreas/Küpper, Beate/Mokros, Nico (2023): Rechtsextreme Einstellungen in der Mitte, in: Dies. (Hrsg.), Die distanzierte Mitte. Rechtsextreme und demokratiegefährdende Einstellungen in Deutschland 2022/23. Bonn, S. 53–89.

VSA: Gegen rechts argumentieren

Hajo Funke
AfD-Masterpläne
Die rechtsextreme Partei und die Zerstörung der Demokratie | Eine Flugschrift
108 Seiten | € 10.00
ISBN 978-3-96488-210-3

Die AfD wird immer rechtsextremer und stellt demokratische Grundsätze offen infrage. Trotzdem steigen sowohl Mitgliederzahlen als auch die Zustimmungswerte in Umfragen. Was sind die Gründe dafür? Welche Pläne verfolgt die AfD? Und wie kann zivilgesellschaftlicher Widerstand gegen die weitere Rechtsentwicklung in Deutschland organisiert werden?

Gün Tank/Biplab Basu/Eberhard Schultz/
Klaus Kohlmeyer (Hrsg.)
Das Problem heißt institutioneller Rassismus
Vielfalt statt Ausgrenzung
172 Seiten | € 16.80
ISBN 978-3-96488-086-4

Dass Rassismus ganz real unser Umfeld prägt und gefährdet, ist kaum noch zu ignorieren und wird heftig diskutiert. Dabei werden immer wieder Debatten über Einzelfälle und sogenannte Einzeltäter*innen geführt. Die alltägliche Praxis des »Racial Profiling« bei Polizei und Sicherheitskräften in den USA wird in Deutschland kritisiert, dessen hiesige Praxis aber praktisch nicht. Um Rassismus aktiv bekämpfen zu können, muss es als institutionalisiertes Problem wahrgenommen und gleichzeitig eine Community-basierende Forschung zur gelebten Realität auf den Weg gebracht werden.

VSA:

Prospekte anfordern!

VSA: Verlag
St. Georgs Kirchhof 6
20099 Hamburg
Tel. 040/28 09 52 77-0
Fax 040/28 09 52 77-50
Mail: info@vsa-verlag.de

www.vsa-verlag.de

VSA: Der rechte Rand

Der rechte Rand.
Das antifaschistische Magazin (Hrsg.)
Das IfS.
Faschist*innen des 21. Jahrhunderts
Einblicke in 20 Jahre
»Institut für Staatspolitik«
184 Seiten | zahlreiche Fotos | € 12.80
ISBN 978-3-96488-074-1

»Aus unterschiedlichen Perspektiven haben die Autor*innen des Magazins ›Der rechte Rand‹ kontinuierlich die radikalen Positionen, metapolitischen Strategien oder personellen Vernetzungen recherchiert und reflektiert.« (Andreas Speit)

Norbert Wohlfahrt
Revolution von rechts?
Der Antikapitalismus der Neuen Rechten
und seine radikalpatriotische Moral –
eine Streitschrift
160 Seiten | € 14.80
ISBN 978-3-96488-127-4

Ohne konsequent den Nationalismus des rechten Antikapitalismus offenzulegen, bleibt der Kampf gegen rechts zahnlos. Wer die Rechten und Neurechten vor allem dafür kritisiert, dass sie nicht zum demokratischen Parteienspektrum zählen und eine rassistische Weltsicht haben, wird wenig erfolgreich sein. Denn gegen rechtes Denken nur mit einer alternativen Moral vorgehen zu wollen, greift deutlich zu kurz. Was es braucht, ist eine Kritik seiner patriotischen Grundlagen und der ihr zugehörigen Wirtschaftsweise.

VSA:

Prospekte anfordern!

VSA: Verlag
St. Georgs Kirchhof 6
20099 Hamburg
Tel. 040/28 09 52 77-0
Fax 040/28 09 52 77-50
Mail: info@vsa-verlag.de

www.vsa-verlag.de